Björn Berenz
Christoph Dittert

ZEIT GEFANGENE

Ein Escape-Spiel
mit Extramaterial

arsEdition

LIEBE LESERIN, LIEBER LESER,

mit diesem Buch halten Sie ein Doppelpaket in der Hand – einen Roman und ein Escape-Spiel. Sie erleben mit Anna und ihren Freunden ein gefährliches, verwirrendes Abenteuer, das nicht nur die Figuren in diesem Roman an ungewohnte Orte und ganz nebenbei auch an die Grenzen ihres Verstandes führen wird.
Sie müssen – oder dürfen – sich etlichen Rätseln und Fragen stellen, vor denen auch die Helden dieses Romans stehen. Lösen Sie die Aufgaben, die auch Anna und ihre Freunde lösen müssen. Wenn Sie Hilfe benötigen, finden Sie diese am Ende des Buchs in den Seiten zum Auftrennen und zusätzlich im Internet auf **arsedition.de/esc**. Rätsel und Hinweise sind nummeriert, damit Sie rasch zur richtigen Lösung gelangen. Tipp: Decken Sie die Hinweise nacheinander auf – sonst ist die Lösung möglicherweise zu schnell ersichtlich.
Die Lösungen der Rätsel führen Sie auf die Seitenzahl im Buch, wo die Geschichte weitergeht. Entscheiden Sie sich für eine falsche Lösung, können Sie schon einmal in einer Sackgasse landen – aber keine Angst, Sie erhalten eine zweite Chance.
Hin und wieder dürfen Sie auch wählen, ob Sie mehr über die eine oder andere Person erfahren möchten, ohne dass es dabei ein Richtig oder Falsch gibt.
Wie auch immer Sie sich entscheiden – am Ende wartet auf Sie das schockierende Finale.
Aufgepasst: Manche Seiten müssen ausgeklappt oder aufgeschnitten werden, aber das erklärt sich beim Lesen von selbst.
Nun bleibt uns nur noch zu wünschen: Seien Sie kreativ … und befreien Sie die Zeitgefangenen!

Björn Berenz & Christoph Dittert

»Bist du sicher, dass wir hier noch richtig sind?«, fragte Anna.

Sie marschierten zu viert durch den Wald, an einem kleinen Bach entlang. Die weit auseinanderstehenden Bäume spendeten nur spärlich Schatten. Überall zirpten Grillen. Und es war heiß. Unerträglich heiß.

Jakob, den Kopf hinter einer Landkarte verborgen, lachte auf. »Wie war das noch mal … wer von uns beiden hat damals die Schnitzeljagd im Ferienlager gewonnen?«

»Du, Bruderherz. Und?« Kumpelhaft stieß Anna ihn in die Seite.

Jakob keuchte auf. Er war schon immer schreckhaft gewesen. Anna erinnerte sich, wie sie sich mal als Kind im Wandschrank versteckt hatte, während er sich die Zähne putzte. Eine aufgerissene Tür und ein »Buh!« hatten ausgereicht, dass ihr Bruder sich die Zahnbürste bis ans Zäpfchen rammte und weißen Schaum spuckte. Das war das Donnerwetter ihrer Eltern wert gewesen.

»Was gibt's denn da zu grinsen?« Ben zog an ihr vorbei und ließ die Hand auf seinen Nacken klatschen, der von Fliegen umschwirrt war. »Ich gehe ein vor Hitze und meine Beine sind von Brennnesseln zerstochen!«

»Brennnesseln stechen nicht«, dozierte Jakob.

Romy hakte sich bei Ben ein. »Genießt es doch einfach mal! Gute Luft, Blumen und – Natur! Endlich raus aus dem Großstadtmief.«

»Ich mag Großstädte«, murrte Ben.

Jakob drückte einen Ast zur Seite. »Ach ja? Erinnere dich an Budapest letzten Sommer. Unsere Absteige dort war echt das Letzte!«

»Außerdem haben wir demokratisch abgestimmt«, pflichtete Anna ihrem Bruder bei. »Drei waren für die Geocache-Suche. Nur du wolltest nach London.«

»Und weil ihr falsch entschieden habt, muss ich jetzt zufrieden sein, ja? Aber klar, ein ostdeutscher Wald ist in jeder Hinsicht besser als eine pulsierende Metropole.« Er zeigte dem nächstbesten Baum den Stinkefinger.

»Könnt ihr mal aufhören, euch zu streiten?« Romy wirkte genervt. »Wir sehen uns so selten, und da habt ihr nichts Besseres zu tun, als …«

»… im Wald herumzulatschen?«, beendete Ben ihren Satz.

Anna verdrehte die Augen. Warum musste er immer das letzte Wort haben? »Romy hat recht«, sagte sie. »Ich würde die Zeit mit euch gern genießen.«

Sie hatte sich seit Wochen auf den Ausflug gefreut. Ihr Leben lief gerade vor allem in finanzieller Hinsicht eher mittelprächtig, seit sie ihr Engagement am Berliner Theater verloren hatte. Sie war neu dort gewesen und als Erste dem Sozialplan zum Opfer gefallen – Stellenstreichung. Doch Theaterschauspielerin war eben ein unsicherer Job, und sie zahlte den Preis gern. Die großen Träume sucht man sich nicht aus, sie finden einen und lassen keine Ruhe, bis man ihnen nachgeht.

Knackendes Geäst und Rascheln von vertrocknetem Laub begleiteten jeden ihrer Schritte. Den schmalen Pfad durch die hoch aufragenden Bäume konnte man nur noch erahnen. War das überhaupt ein Weg? Falls ja, war er lange nicht mehr begangen worden. Kein Wunder. Anna schauderte bei dem Gedanken an das, was Jakob erzählt hatte. Das hier war angeblich ein Selbstmordwald. Also nicht gerade ein Touristenmagnet ... außer wenn ein Geocaching-süchtiger Zwillingsbruder behauptete, dass es hier zwar hin und wieder einen Selbstmörder, aber vor allem einen legendären Cache gab, der sämtliche Mühe lohnte. »Wir werden schon nicht über eine Leiche stolpern«, hatte Jakob gesagt.

Zwei Minuten später stolperte Anna über eine Leiche.

Der Arm ragte aus dichtem Gebüsch. Die Hand war halb geöffnet, die Finger bleich. Auf dem Daumen krabbelten Ameisen.

Anna schrie vor Schreck.

»Was ist l...« Romy verschluckte den Rest, als sie Annas starrem Blick folgte. Unwillkürlich wichen die Frauen ein paar Schritte zurück. Auch Jakob war blass geworden. Nur Ben behielt die Nerven. Oder tat zumindest so. Er schob die Äste beiseite, um sich den Toten genauer anzusehen. Es war ein alter Mann mit runzliger Haut und zahnlosem Mund. Dünne, graue Haarsträhnen hingen um das eingefallene Gesicht. Seine Augen standen offen.

»Wir müssen die Polizei rufen!« Romy zog ihr Handy aus der Hosentasche, aber ihre Finger zitterten so, dass sie die Nummer nicht eintippen konnte. »Jakob, mach schon!«

Annas Bruder folgte der Aufforderung, erklärte stammelnd die Situation und gab ihre Position durch. Nach dem Telefonat erklärte er seinen Freunden, dass sie warten mussten, bis die Beamten aus Berlin eintrafen, was höchstens eine halbe Stunde dauern sollte.

»Würde es euch jetzt auch in London besser gefallen?«, stichelte Ben, während er die Leiche weiter untersuchte. Die andere Hand des Toten war zur Faust geballt. Als Ben die Finger aufbog, kam ein Zettel zum Vorschein. »Seht euch das an!« In seinen Augen glitzerte es.
»Ist doch völlig egal!«, herrschte Anna ihn an.
Ben ging bereits in die Hocke. »Find ich nicht.« Mit spitzen Fingern griff er nach dem kleinen Papier in der starren Hand des alten Mannes. Es ließ sich leicht herausziehen.

»Ich bin gefangen«, las Ben vor. »Und eine Zahl: eintausendneunhundertzweiundfünfzig. Seltsam. Was soll das bedeuten?«
»Noch mal«, sagte Anna bemüht ruhig. »Ist doch völlig egal! Das ist eine Leiche, Ben … eine echte Leiche! Und du pfuschst an Beweisstücken rum!«
»Den hat ja keiner umgebracht«, behauptete Ben. »Der ist uralt. Der hatte einen Herzanfall oder so was. Und … hey, das ist ein Selbstmordwald. Vielleicht hat er …«
»Mit einer Nachricht in der Hand, auf der steht, dass er gefangen ist?«, unterbrach Romy ihn. »Du bringst uns noch in Teufels Küche.«
»Ach, auf einmal ist der Zettel doch nicht mehr egal, ja?« Ben stieß die Luft aus. Dann winkte er ab. »Ihr habt ja recht. Ich geb die Nachricht der Polizei. Nur eins noch …« Er zückte sein Handy und fotografierte das Fundstück. »Als Erinnerung. Ich hab's euch weitergeleitet.«
»Also, ich brauche bestimmt kein Andenken«, sagte Anna kühl, aber das Vibrieren in ihrer Hose zeigte, dass die Nachricht schon angekommen war.
Danach schwiegen sie die meiste Zeit, bis endlich zwei Polizeibeamte eintrafen, ein Mann und eine Frau. Sie stellten eine Menge Fragen, die die Freunde gewissenhaft beantworteten. Ben übergab den eigenartigen Zettel und fing sich eine Rüge ein, denn natürlich hätte er nichts verändern dürfen. Die Polizisten nahmen die Personalien und Handynummern auf, und damit war die Sache erledigt.
»Glauben Sie, dass das ein Selbstmord war?«, fragte Ben. »Hier sollen doch immer wieder …«
»Wir sind Polizisten«, unterbrach die Beamtin. »Wir glauben nichts, sondern halten uns an die Fakten. Und davon haben wir noch nicht genug. Für Sie war es das. Danke, dass Sie so vernünftig waren, den Fund gleich zu melden.«
»Wir können also einfach so gehen?«, fragte Romy.
Der Polizist grinste. »Dachten Sie, wir verhaften Sie?«
Romy errötete. Die vier verabschiedeten sich und machten sich wieder auf den Weg. Nach einer Weile blieb Anna stehen. »Ehrlich gesagt hab ich keine Lust mehr auf irgendwelche Geocaches. Gehen wir zurück in die Stadt und suchen uns ein Hotel.«
Erstaunlicherweise widersprach ausgerechnet Ben. »Quatsch!«, sagte er.

»Wir lassen uns davon doch nicht unseren Ausflug verderben. Mal ehrlich, es werden ständig irgendwo Leichen gefunden.«
»Aber nicht von mir«, sagte Anna.
»Und von mir auch nicht«, ergänzte Romy. Sie war immer noch bleich.
Sie diskutierten einige Minuten und kamen schließlich überein, dass Ben recht hatte. Gemeinsame Wochenenden waren mittlerweile eine Rarität. Dieser Zwischenfall, so unangenehm er auch war, durfte sie nicht davon abhalten, ihre Pläne durchzuziehen.

Es schien noch heißer geworden zu sein. Hinter sich hörte Anna ein Klatschen, gefolgt von einem: »Hab ich dich, du Biest!« Aber sie machte sich nicht die Mühe, sich zu Ben umzudrehen. Vor ihr wippte Jakobs Rucksack auf und ab, es schepperte bei jedem Schritt. An der Seite baumelten eine kleine Aluminiumpfanne und der Aufsatz eines Gaskochers. Sein Hinterkopf war verdeckt von einer zusammengerollten Isomatte in schreiendem Pink. Ihr Bruder war in Geschmacksfragen wirklich schmerzbefreit.
Jakob blieb stehen und entfaltete die Landkarte. Langsam ließ er den Zeigefinger darüberwandern. Schließlich nahm er den GPS-Tracker zu Hilfe, der um seinen Hals baumelte. »Ist nicht mehr weit.« Er drehte sich nach links und schlug eine Schneise in die Büsche. »Der Cache muss dort vorne sein.«
Romy seufzte. »Das hast du schon vor einer Stunde gesagt.«
»Zeit ist eben relativ.« Jakob hielt ihr den Tracker unter die Nase. »Sieh selbst.« Er zählte im Gehen einen Countdown. »Zehn, neun, acht …« Das hohe Gras wogte bei jedem Schritt um seine Beine. Wenigstens kühlte nun eine leichte Brise den Schweiß.
Alle legten einen Zahn zu, um an Jakob dranzubleiben. Kurz darauf blieb er stehen und sah sich ratlos um.
Sie waren an einer kleinen Lichtung, umgeben von wuchernden Sträuchern und Bäumen. Grelles Sonnenlicht fiel durch die hohen Baumkronen, die Lichtstreifen malten helle Flecken ins Gras.
»Und?«, fragte Romy genervt. »Wo ist er jetzt, dein legendärer Cache?« Sie verscheuchte eine Fliege von ihrem tätowierten Unterarm, über den sich ein maorisches Tribal zog.

»Es ist nicht meiner. Ich hab nur die Gerüchte im Netz über ihn gelesen. Dass nur manche ihn finden, weil er immer mal wieder verschwindet. Dass Leute auf der Suche nach ihm verschollen sind. Oder dass …«
»… sie vor dem Cache ein paar Leichen beiseiteräumen mussten, ja?«, ätzte Romy.
Anna verstand den Ärger ihrer Freundin, aber dafür konnte ihr Bruder nun wirklich nichts. »Wir wollten doch nicht mehr über den Toten reden«, sagte sie.
»Sorry«, meinte Romy.
»Jedenfalls will ich jetzt diesen Supercache finden!« Jakob klang wild entschlossen. »Das muss mehr sein als ein blöder Plastikschlumpf in einer Brotdose! Aber die Angaben zum Fundort sind widersprüchlich. Oder zumindest irreführend.«
»Du weißt doch, wie das ist«, sagte Anna. »Im Internet schreiben die Leute ständig irgendwelchen Mist, um sich interessant zu machen.«
»Und das hat bei uns ja wunderbar funktioniert«, räumte Jakob ein. »Deshalb sind wir hier.« Wieder nahm er den GPS-Tracker zur Hand – und riss erstaunt die Augen auf. »Das gibt's nicht! Die Koordinaten sind umgesprungen. Das habe ich noch nie erlebt.« Den Blick starr auf den Tracker gerichtet, ging Jakob eine unsichtbare Linie ab.
Anna folgte zögernd.
Ihr Bruder schwenkte nach links. »Es muss genau hier sein.« Er blieb vor einem abgeknickten Baum stehen. Ob er einem Sommergewitter zum Opfer gefallen war? Halt, nein, da waren Bissspuren an der Abbruchstelle, wie von einem Biber. Und dahinter lag ein kleiner Teich, was für die Bibertheorie sprach.
Jakob fuhr mit beiden Händen über die Rinde des Stumpfes.
»Was machst du da?« Ben hatte sie eingeholt. »Bäume umarmen?«
»Ich suche nach einem Hinweis.« Jakobs Hände wanderten auf die Rückseite des Stammes. »Halt! Ja! Da ist was.« Er beugte sich vor. »Eine Kuhle.«
Nach weiterem Herumtasten zog er einen Gegenstand hervor.

»Was ist das?«, fragte Romy.
»Müll!«, erwiderte Ben ungehalten. »All die Anstrengung und Mühe für … für …« Er starrte das Döschen an. »Ja, für was eigentlich?«
»Für Teststreifen«, sagt Jakob. Er grinste. »Damit lässt sich der pH-Wert von Wasser bestimmen. Wir hatten zu Hause auch solche für den Pool.«
Romy nickte. »In der Schule hat das Wasserwerk mal diese Streifen ausgeteilt, damit wir die Qualität des Schulteichs überprüfen konnten.«
»Und?«

»Es hatte seinen Grund, dass alle Goldfische mit dem Bauch nach oben geschwommen sind.«
Jakob drehte das Döschen auf und warf einen Blick hinein. »Es ist leer.«
»Vielleicht hat ein Biologe es hier zurückgelassen«, meinte Anna.
»Biologe?« Ben sah sie fragend an.
»Na, eben jemand, der die Wasserqualität des Teichs überprüfen wollte.« Sie deutete auf die Nagespuren im Holz. »Das sieht doch verdächtig nach einem Biber aus. Vielleicht ging es darum, die bedrohte Tierart zu schützen.«
Jakob wirkte nicht überzeugt. »Aber die Koordinaten haben uns genau zu diesem Baum gef…« Er brach mitten im Satz ab. »Moment! Sie haben sich schon wieder geändert!« Er schüttelte den Tracker und stöhnte. Dann straffte er die Schultern. »Sehen wir uns noch mal gründlich um! Irgendwo muss hier etwas sein, zumindest ein Hinweis.« Er steckte das Döschen zurück in die Baumkuhle.
Anna seufzte. So war ihr Bruder: ein unerschütterlicher Optimist.
Zäh setzten sich Romy und Ben in Bewegung. Anna schaute auf den Teich. Zu gern hätte sie den Biber zu Gesicht bekommen. Doch das mit Seerosen bespickte Wasser lag spiegelglatt vor ihr. Schließlich wandte sie sich ab, schnappte sich das Döschen aus der Mulde und verstaute es in ihrem Rucksack. Keine Chance dem Müll!
Sie beobachtete, wie die beiden Freunde und Jakob kreuz und quer über die Lichtung stapften. Ihr Bruder hatte schon immer die Gabe besessen, andere zu motivieren. Er war die geborene Führungspersönlichkeit. Anna wusste nicht, woran es lag – bestimmt nicht an seiner äußeren Erscheinung. Im Gegensatz zu Ben war ihr Bruder hager und beinahe kränklich bleich. Manchmal erinnerte er sie an ein übergroßes Insekt. Wie gut, dass der Gott der Gene ein Einsehen gehabt und ihre Gliedmaßen besser proportioniert hatte. Jakob und sie waren zwar Zwillinge, aber ähnelten einander kaum.
Anna lief los. Da die Lichtung bereits überbevölkert war, schlug sie sich ins Gebüsch. Mit spitzen Fingern schob sie piksendes Dornengestrüpp beiseite, unter dem ein Trampelpfad zu erkennen war. Hätte sie sich doch bloß für eine lange Hose entschieden statt für die Shorts. Nach diesem Wochenende würde sie erst mal keine Röcke mehr tragen können mit diesen zerschundenen Beinen.

Ein schriller Schrei ließ sie zusammenzucken und reflexartig zur Seite springen. Ein Büschel Brennnesseln streifte ihre Unterschenkel. Shit! »Was ist passiert?«, rief sie und drehte sich zu den anderen um. Doch vor ihr war nur dichtes Buschwerk.

»I-ich habe etwas gefunden!«, kam Romys Stimme aus einiger Entfernung. Anna bückte sich, rieb einmal über ihre schmerzende Wade und zwängte sich dann zurück durchs Gebüsch. Beinahe gleichzeitig mit Ben und Jakob er -reichte sie Romy, die im Unterholz vor einer aufgerichteten Steinplatte stand. Anna trat näher. Gras überwucherte die untere Hälfte des Steins, und auf der gesamten Oberfläche wuchs Moos. Verdammt, das sah aus wie ein Grabstein! Kein Wunder, dass Romy sich erschrocken hatte.

Doch als ihr Blick auf die eingemeißelte Inschrift fiel, stieß Anna die Luft aus. Nein, kein Grabstein.

»Okay.« Jakob rieb sich das stoppelige Kinn. »Eindeutig ein Hinweis.«
»Auf den Cache?«, fragte Romy hoffnungsvoll. »Dann liegt hier keine eingebuddelte Leiche?«
»Bestimmt nicht!« Ben schüttelte den Kopf. »Oder hast du schon mal so einen kryptischen Grabstein gesehen? Obwohl – vielleicht war der Tote ein Agent, der auch nach seinem Ableben nicht enttarnt werden durfte.«
Niemand lachte. Ben strich sich eine Haarsträhne aus der Stirn. »Ehrlich, Leute – dieser Cache ist echt abgefahren! Ich dachte, wir gehen einfach zu den Koordinaten, wie sie auf der Internetseite stehen, und zack, das war's.«
»Nicht bei dieser Suche«, erklärte Jakob. »Die ist eindeutig für Fortgeschrittene. Wir müssen die Hinweise entschlüsseln. Sie werden uns dann hoffentlich zum Ziel führen.«
»Schön, Dr. Jones!« Ben nickte.
»Dr. Jones?«, fragte Romy.
Ben verdrehte die Augen. »Peitsche … Hut … klingelt da was?«
»Seid mal still!«, forderte Jakob. »Ich muss mich konzentrieren.« Er kniete sich vor die Steintafel. »Also, immer der Reihe nach. Was könnte es mit der 118 auf sich haben?«
Alle schwiegen mit dem Wald um die Wette.
»Gut, also erst mal die anderen Zahlen. Wie bringen wir Ordnung rein? Und seht ihr das Symbol? Das sind Gläser aus dem Chemielabor. Richtig?«
Romy und Ben nickten brav.
»Dann weiß ich, wie wir dieses Rätsel entschlüsseln können!« Anna war plötzlich ganz aufgeregt und zückte ihr Handy. »Aber dafür brauch ich das Internet!« Sie öffnete ein Browserfenster, nahm Stift und Papier aus dem Rucksack und begann zu schreiben.
Konzentriert wanderte ihr Blick zwischen den Zahlen auf dem Stein und ihrem Handybildschirm hin und her. Nach einigen Minuten sah sie die anderen mit triumphierendem Grinsen an. »Also, auf nach …«

JA – WOHIN?

WESTEN: WEITER AUF SEITE 119.
SÜDWESTEN: WEITER AUF SEITE 22.
NORDOSTEN: WEITER AUF SEITE 134.

DU HAST KEINE AHNUNG, WO ES LANGGEHT?
HILFE FINDEST DU IMMER IN DEN HINWEISEN AB SEITE 189.

1.

16 Anna eilte auf das Zirkuszelt zu und versuchte die Angst auszublenden, die sich wieder in ihr regte. Anscheinend gab es in dieser merkwürdigen Welt, an diesem Ort, der aus der Zeit gefallen war, nur eine einzige Person, die ihr zumindest ein paar Antworten liefern konnte – Galina!

Sie entdeckte die Artistin vor dem großen Zelt. Menschen liefen umher, um alles für die Vorstellung vorzubereiten. Galina stand bei zwei männlichen Kollegen unmittelbar hinter der Absperrung. Während ihre Begleiter Zigaretten rauchten, vollführte sie Dehnübungen.

»Galina!«, rief Anna, erntete aber nur einen fragenden Blick von einem der Artisten, der sie zunächst abschätzend, dann interessiert musterte. »Galina!«, wiederholte sie.

Die junge Frau richtete sich auf, starrte Anna entsetzt an und eilte auf sie zu. »Was machst du hier?« Sie sah wütend aus. »Ich habe dir doch gesagt, du sollst im Wagen warten.«

Galina war nicht wiederzuerkennen. Das dunkle Haar hatte sie straff nach hinten gebunden und sie war stark geschminkt. Sie trug bereits ihr Showkleid, die Schläppchen hielt sie in der Hand.

»Ich weiß jetzt, wo ich nach Jakob suchen muss«, sagte Anna atemlos. »Aber du musst mir erklären, wie ich zu diesem alten Quellhäuschen komme!«

Die Artistin sah sie schweigend an.

»Das musst du doch kennen!« Anna deutete in Richtung des Waldes. »Wir waren dort, ehe wir den Zirkus gefunden haben … also, in meiner Zeit. Den Weg zurück kann ich nicht nehmen, es ist für mich unmöglich, das Gelände zu verlassen. Mein Bruder ist aber irgendwie hingekommen. Es muss also einen anderen Weg geben. Vielleicht sind wir auch einen Umweg gegangen.«

»Was willst du dort?«, fragte Galina.

»Es kann sein, dass mein Bruder noch dort ist!«

Galina antwortete nicht. Auf Anna wirkte es, als würde sie mit sich ringen.

»Du lässt dich auf Dinge ein, von denen du keine Ahnung hast«, sagte sie schließlich.

»Was meinst du damit?«

Die Artistin kletterte über die Absperrung zu ihr. »Es ist gefährlich.« Sie zog Anna mit sich, raus aus dem Licht einer Laterne, die an einem Wagen baumelte.

»Dieses Quellhaus ist nicht das, was es zu sein scheint.«
»Wie meinst du das?«
»Je weniger du weißt, desto sicherer bist du.«
»Ein durchgeknallter Mann mit einem Messer jagt mich und will mich umbringen. Was ist daran sicher?«
»Du musst mir vertrauen! Ich habe etwas herausgefunden … vielleicht … aber es ist noch zu früh. Es ist gefährlich dort, wir müssen vorsichtig sein.«
»Ich muss nur eins – nämlich meinen Bruder finden, ehe dieser Typ ihn findet und umbringt! Also, was weißt du?«
Im Zelt begann das Orchester zu spielen. Zuerst quakten die Instrumente wild durcheinander, bis sie nach und nach zueinanderfanden und sich der gemeinsamen Melodie hingaben.
»Noch nicht, Anna. Ich muss jetzt los!« Galina hob die Schultern, als wolle sie sich entschuldigen.
»Du darfst nicht einfach gehen!«
Galina drehte sich noch einmal um. »Ich weiß nicht, wie lange ich schon in dieser Zeitschleife stecke. Ich kann nicht mehr zählen, wie oft ich alles erlebt habe.« Ihre Augen schwammen in Tränen, die sie rasch mit dem Handrücken wegwischte. »Hör zu – der Mann im Ledermantel hat nicht wie wir einen Ort, an dem er jede Zeitschleife beginnt. Manchmal ist er wie gesagt auch gar nicht da. Er steht irgendwie über den Dingen. Und das Quellhäuschen … er steht damit in Verbindung. Es verändert sich.«
»Wie meinst du das?«
»Es ist immer, wenn ich es sehe, in einem anderen Zustand.«
»Inwiefern?«
»Mal wirkt es absolut neu, mal ist es verwittert oder völlig zerstört. Und einmal befand es sich gerade erst im Bau, noch ohne Dach und Tür. Glaub mir, ich weiß selbst, wie verrückt das klingt.«
»Galina, ich muss dorthin. Ich muss!«
»Nein! Du darfst nicht mal in die Nähe. Wir müssen erst noch mehr herausfinden.« Galinas Stimme zitterte. »Verstehst du, immer wenn ich dort war, hab ich den Mann im Ledermantel gesehen. Wenn er dich da findet …«
Sie führte den Satz nicht zu Ende. Das musste sie auch nicht.
Die Musik wurde lauter. Fröhlicher und schneller.

»Die Aufführung beginnt gleich«, sagte Galina.
»Bitte, ich brauche deine Hilfe. Ich muss meinen Bruder finden! Sag mir, wie ich zu dem Quellhäuschen komme!«
Galina schien mit sich zu kämpfen. »Geh zum Wagen von Medusa, der Wahrsagerin. Dort findest du einen Hinweis, der dir den Weg erklärt. Such nach einer Truhe und schau genau hin.«
Anna sah sie verwirrt an. »Ich verstehe nicht, was du meinst.«
»Halt Ausschau nach dem Kleinen Bären. Er wird dir helfen.« Galina drehte sich um.
»Und was erzähle ich dieser Medusa, wenn sie mich in ihrem Wagen erwischt? Ich kann doch nicht einfach so …«
»Das wird nicht passieren. Sie ist schon lange tot. Ihr Wagen wird als Lagerraum für die Kostüme verwendet. Ich hab die Truhe unter den ausgedienten Kleidern des Zirkusdirektors versteckt.« Damit drehte sie sich endgültig um, verschwand mit den beiden Artisten im Hintereingang des Zelts.
Den Wagen der Medusa zu finden, war leicht. Er stand in der hinteren Reihe bei den Los- und Wurfbuden und war der einzige, der seine bunte Fassade nicht aufgeklappt hatte.
Nur die Seitenwand zeigte noch den ursprünglichen Zweck des Wagens. Sie war bemalt mit einer Glaskugel, darüber das Gesicht einer stark geschminkten Frau mit verklärtem Blick, dunklen Locken und goldenen Kreolen. Anna fragte sich, ob diese Zeichnung der echten Medusa ähnlich gesehen hatte. Wenn ja, hatte sie das Klischee einer Zirkuswahrsagerin voll erfüllt.
Aber nun gab es keine Frau mehr, die Gästen aus den Händen las oder die Zukunft in einem umgestülpten Goldfischglas sah. Mit einem Blick nach allen Seiten überzeugte Anna sich davon, dass die Luft rein war, und schlich in den Wagen, dessen unverschlossene Tür sich problemlos öffnen ließ. Genau wie in dem Versteck dieses Daniels war es auch hier drin unerträglich heiß, das Atmen fiel ihr schwer. Staubpartikel tanzten in den Sonnenstrahlen, die sich durch die Schlitze der zugezogenen Fenstergardinen stahlen.
Anna blieb unschlüssig stehen und sah sich um. Sie wusste nicht so recht, wie sie sich den Wagen einer Wahrsagerin vorgestellt hatte. Bestimmt nicht vollgestellt mit Gerümpel. Von der Decke hingen Tuchbahnen, überall

stapelten sich Möbel, Kisten und Truhen. Bilder an den wenigen freien Flächen der Wand zeigten merkwürdige Motive. Eine Frau mit sechs Augen, bei deren Anblick es Anna schwindelig wurde. Eine Holztafel präsentierte Nostradamus, jenen Astrologen, der für seine düsteren Prophezeiungen berühmt und zugleich berüchtigt war. Eine andere Tafel zeigte einen Sternenhimmel.

Anna kämpfte sich durch die aufgetürmten Möbel, schob Stühle und Koffer beiseite, bis sie zwei dicht nebeneinanderstehende Garderobenstangen fand. Galina hatte gesagt, die Truhe sei hinter den Sachen des Direktors verborgen. Doch was trug ein Direktor? Sie wühlte sich durch die Ständer, die dicht bestückt waren mit Kleidern, Kostümen und Anzügen. Da! Ein karmesinroter Frack aus Samt, verziert mit goldenen Ornamenten. Das musste es sein! Sie schob ihn beiseite, und tatsächlich: Auf der Ablage direkt darunter stand eine hölzerne Truhe.

Sie sah aus wie eine Piratenschatztruhe aus einem Bilderbuch. Anna befreite den Deckel von Staub und musste husten. Doch als sie die Truhe öffnen wollte, bekam ihre Euphorie einen Dämpfer: Sie war verschlossen. Ein schweres Vorhängeschloss verband die beiden schwarz verfärbten Eisenösen miteinander. Anna zerrte und rüttelte daran, doch das Schloss gab keinen Millimeter nach.

Es war ein dreistelliges Kombinationsschloss. Doch woher sollte sie wissen, welche Zahlen es öffneten?

Sie starrte die Kiste an. Sie anderweitig aufzubekommen war unmöglich. Dafür war das Schloss zu massiv und das Holz zu dick. Hatte Galina nicht gesagt, dass sich alles, was sie brauchte, in diesem Wagen befand?

»Der kleine Bär«, murmelte sie vor sich hin. »Aber ja!« Sie sprang auf. »Der Kleine Bär – das Sternbild.« Sie kämpfte sich zwischen den Möbeln hindurch zurück in den vorderen Teil. Irgendwo hier hing doch dieses Bild mit dem Sternenhimmel.

S
X
Q
Z
R
E
G
M
V
D
B
Y
I
N
R
L
B
G
A
I
D
O
P
W
K

Sie betrachtete es stirnrunzelnd und versuchte, sich einen Reim darauf zu machen. Warum waren die Sterne mit Buchstaben versehen? Wie sollte sich daraus die Kombination für ein Zahlenschloss ergeben?

7.

WAS FÜR ANNA DIE GESUCHTE KOMBINATION IST, IST FÜR DICH DIE **SEITENZAHL**, AUF DER ES WEITERGEHT.

22

»Und ihr seid sicher, dass das der richtige Weg ist?« Romy wirkte nicht sonderlich euphorisch darüber, dass sie das Rätsel entschlüsselt hatten. »Ich habe eher das Gefühl, dass der Wald noch undurchdringlicher wird.«

»Das ist nicht nur ein Gefühl«, sagte Anna. Ihre Beine waren mittlerweile so zerkratzt, dass es richtig wehtat. Sie hatte sich einen großen Stock aus dem Unterholz gesucht, um den Weg freizuschlagen. Dorniges Gebüsch überwucherte den kaum noch erkennbaren Pfad, den bestimmt seit einer Ewigkeit kein Mensch mehr betreten hatte.

Plötzlich zuckte Romy zusammen und blieb ruckartig stehen. »Habt ihr das gehört?«

»Was?« Ben dreht sich zu Romy, die mit großen Augen in das Gebüsch starrte.

Auch Anna lauschte. Zunächst vernahm sie nichts, doch dann hörte sie ein Knacksen, als würde ein Ast brechen. Und noch einer. Angestrengt spähte sie ins Grün. War da nicht eine Bewegung zwischen den Ästen? Sie blickte in die verschwitzten Gesichter der anderen. »D-da kommt was auf uns zu.« Ihr eigener Herzschlag dröhnte unnatürlich laut in ihren Ohren.

Jetzt sahen auch die anderen, dass sich etwas durch das Dickicht bewegte – es war groß und kam rasch näher!

»Lauft!«, schrie Ben.

Im selben Moment, in dem sie sich umgewandt hatten, brach etwas hinter ihnen aus dem Gebüsch. Für eine Sekunde glaubte Anna, einer Höllenbestie gegenüberzustehen. Sie blickte in kleine Augen und ein weit aufgerissenes Maul, aus dem gelbe, spitze Zähne ragten.

Ben zerrte an ihrer Schulter. »Das ist ein Scheißbär, verdammt!«

Anna taumelte. Dann rannte sie los, lief so schnell sie konnte hinter den anderen her, scherte sich nicht um die Dornen, die ihr ins Fleisch stachen.

Dicht hinter sich hörte sie Getrampel und wütendes Brüllen.

»Lauf, Anna!«, schrie ihr Bruder.

Heiße Tränen rannen ihre Wangen hinab. Sie stolperte – und schaffte es gerade noch, sich abzufangen. Vor sich sah sie Jakobs Rucksack. Sie wollte nach ihm greifen, sich von ihm ziehen lassen. Doch etwas hielt sie zurück, krallte sich in ihre Schulter. Sie spürte keinen Schmerz, die Panik machte sie gefühllos und stumm.

Stimmen drangen wie aus weiter Ferne zu ihr. Sie hob den Kopf, sah mit verschwommenem Blick, wie Jakob ihr etwas zurief, das sie nicht verstand. Sie wurde herumgeworfen, robbte los, versuchte ihre Freunde zu erreichen. Wieder wurde sie gepackt, diesmal am Bein, das Tier zerrte sie weg von Ben und Romy, von ihrem Bruder. Allmählich meldete sich der Schmerz. Es war, als hätte man ihr einen Gluthaken in die Wade gejagt. Der wilde Bär war jetzt direkt über ihr. Sie roch seinen stinkenden Atem. Überall war Blut. Schützend hielt sie den Arm vors Gesicht, doch Reißzähne gruben sich hinein, zerrten, bis eine schwarze Schnauze dicht vor ihren Augen schnüffelte. Der Kopf zog sich zurück. Hoffnung keimte in Anna auf. Ließ das Untier von ihr ab? Dann raste der Tod mit ungeheurer Wucht auf sie zu. Als Letztes hörte sie das Krachen ihrer Schädelknochen.

WENN DU MÖCHTEST, DASS ANNA UND IHRE FREUNDE EINE ZWEITE CHANCE BEKOMMEN, DANN GEHE ZURÜCK AUF SEITE 14.

25

»Das ist doch eindeutig ein Zauberer!«, rief Ben.
Romy lachte nervös. »Du willst in dieser Schlangenlinie wirklich einen Zauberer erkennen? Echt jetzt?«
Ben schien verunsichert, wollte es aber nicht zugeben. »Aber ja«, beharrte er, »ich sehe ein Gesicht mit Rauschebart und weiser Brille. Das sieht doch aus wie Albus Dumbledore – der bekanntlich ein Zauberer ist. Und damit führt uns der Hinweis des Affen in das Illusionszelt.« Während er sprach, kramte er den Lageplan hervor, den Jakob im Kassenhäuschen gefunden hatte. Er tippte auf das eingezeichnete Illusionszelt ganz in der Nähe vom Hauptzelt.
Anna hatte keinen Schimmer, was sie dort erwartete, doch niemand konnte Bens Logik etwas entgegensetzen, also machten sie sich auf den Weg.
Vor dem Illusionszelt blieben sie stehen. Der warme Wind strich über die Grasfläche. Anna und Romy tauschten unschlüssige Blicke, während sie das achteckige Pagodenzelt musterten. Es wäre die perfekte Kulisse für einen Harry-Potter-Streifen. Die Außenwände ragten fast senkrecht auf, und auf dem spitzen Zeltdach wölbte sich eine Rundung wie bei den Zwiebeltürmen einer bayerischen Kirche. Ringsum spannten sich dicke Seile, die an schweren Pflöcken im Boden befestigt waren. Unfassbar, dass diese nach all den Jahren das Zelt noch immer aufrecht hielten. Auf der Spitze wehte ein auffälliger roter Wimpel, und über dem Eingang stand in verschnörkelten Buchstaben: »Zelt der Wunder«.
»Jakob?«, rief Anna durch den Vorhang am Eingang. »Steckst du da drin?« Keine Antwort. Also teilte sie den roten Samt, betrat das Zelt und fand sich in einem Spiegellabyrinth wieder. Um sich herum erblickte sie sich dutzendfach selbst in verzerrten Varianten.
Da die Spiegel eine Orientierung unmöglich machten, schloss Anna kurzerhand die Augen und tastete sich voran. Diesen Trick hatte ihr Vater ihr bei einem Jahrmarktsbesuch verraten. »Alles, was du siehst, kann trügerisch sein«, hatte er gesagt, »aber deine Finger ertasten den Weg nach draußen.« Und so befühlte sie die Spiegel, suchte die Ränder ab, tastete sich von Ecke zu Ecke, bis sie es schließlich aus dem Labyrinth hinausschaffte. Jetzt stand sie in einem kleinen, matt beleuchteten Raum, in dem allerlei Kuriositäten ausgestellt waren. Zylinderförmige Glasgefäße, gefüllt mit trüber Flüssigkeit,

beherbergten obskure Dinge: ein Ziegenembryo mit zwei Köpfen, Organe, die sie nicht zuordnen konnte. Es war makaber. Wer schaute sich so etwas bloß freiwillig an?

Die wenigen Sonnenstrahlen, die durch die Kuppel hereindrangen, fielen auf ein Gemälde, bei dessen Anblick Anna schwindelig wurde. Es war ein merkwürdig verzerrtes Muster, das keine konkreten Formen erkennen ließ, sich aber zu bewegen begann, wenn Anna länger daraufstarrte. Das Bild fesselte sie so sehr, dass sie kaum den Blick davon abwenden konnte. Sie versank förmlich darin.

Je länger sie es betrachtete, umso stärker hatte sie das Gefühl, in das Bild hineingezogen zu werden. Die Welt schien sich plötzlich um sie zu drehen. Kam das Bild auf sie zu, um sie geradewegs zu verschlucken? Da spürte sie einen Ruck, der sie erschrocken aufschreien ließ.

»Ob alles in Ordnung mit dir ist, will ich wissen!« Romy sah sie entgeistert an. »Himmel, du warst ja vollkommen weggetreten.«

»Schon g-gut!« Anna atmete schwer, versuchte ihre Gedanken ins Hier und Jetzt zurückzubringen. »Tut mir leid, ich hab nur …« Sie brachte den Satz nicht zu Ende, sah sich stattdessen irritiert um. »Jedenfalls ist Jakob nicht im Zelt«, sagte sie schließlich. »Wir müssen ihn woanders suchen.«

JAKOB BEFINDET SICH ALSO NICHT IM ILLUSIONSZELT. KEHRE ZURÜCK ZU SEITE 71 UND VERSUCHE EINEN ANDEREN WEG!

Weisst du, was du tun musst, um hier etwas zu erkennen? Wenn nicht, schau auf dieser Seite im Internet nach:
www.arsedition.de/esc

28

Sie wandte sich dem schmalen Bett in der Ecke zu, auf dem eine große, weiche Bettdecke lag. In diesem Bett ließe es sich bestimmt wunderbar schlafen und träumen. Anna verstand plötzlich Romys Sehnsucht. Die Vorstellung, mit einem Zirkus auf Reisen zu gehen, hatte in der Tat etwas Romantisches.

»Vielleicht versteckt sich der Hinweis im Buch?«, fragte Romy hoffnungsvoll, die neben sie an den Nachttisch getreten war. »Eine markierte Seitenzahl oder so.«

Anna nahm es in die Hand und las den Titel vor: »Der Fänger im Roggen.« Sie blätterte durch die Seiten, konnte aber nichts darin finden, das einen Hinweis auf die Kombination des kleinen Tresors gab.

HIER BEFINDET SICH KEIN HINWEIS DARAUF, WIE SICH DER TRESOR ÖFFNEN LÄSST. SCHLAGE NOCH EINMAL DIE SEITE 132 AUF UND SCHAU DIR DAS INNERE DES ZIRKUSWAGENS GENAU AN.

30 Anna quetschte sich an dem ganzen Kram vorbei zurück zur Truhe und drehte an den Einstellrädern, bis sie die Kombination 0-3-0 zeigten. Mit angehaltenem Atem zog sie am Schloss. Der Bügel schnappte auf!
Mit zittrigen Fingern pfriemelte Anna den Bügel aus den Ösen und klappte den Deckel auf. In der Truhe roch es modrig – und mit dem Blick ins Innere folgte die Ernüchterung.
Sie war leer.
Wütend schlug Anna mit der Faust gegen das Holz, den Schmerz nahm sie kaum wahr. Hatte Galina sie reingelegt? Als sie die Truhe schon wieder zuknallen wollte, entdeckte sie auf dem Boden der Kiste ein vergilbtes loses Blatt, das ihr im dämmrigen Licht nicht gleich aufgefallen war.
Rasch holte sie es heraus. Es war mehrfach gefaltet – eine gezeichnete Karte. Sie zeigte den Grundriss des Zirkusareals. Das Zelt, den Eingang, die Stallungen der Zirkustiere und die Wagen erkannte Anna sofort, obwohl es sich um eine grobe Bleistiftschraffur handelte. Die Wagen waren als Rechtecke verzeichnet, das Zelt als Kreis.
In der Nähe des Zeltes war ein rotes X. Von dort schlängelte sich eine Linie durch gezeichnete Bäume, die an einem weiteren Viereck endete. Dieses war mehrfach rot eingekreist und mit einem Ausrufezeichen versehen.

Okay, diesen Plan hatte offenbar Galina angefertigt und hier versteckt. Nur, warum? Um diese Frage musste sie sich später kümmern. Anna prägte sich die Zeichnung ein, legte sie zurück, verschloss die Truhe und ließ den Bügel des Schlosses einrasten.
Dann ging sie nach draußen und suchte den Weg, wie er auf der Karte eingezeichnet war. Hinter dem Zelt, zwischen zwei Wagen, fand sie tatsächlich einen schmalen Durchgang, hinter dem Brombeergestrüpp wucherte. Erst als sie genauer hinsah, bemerkte sie den versteckten Pfad durchs Gebüsch. Geduckt schob sie sich durch die dornigen Ranken. Meter um Meter ging es voran – keine unsichtbare Wand hielt sie auf. Anna konnte ihr Glück kaum fassen. Sie kam hier raus, endlich!
Direkt hinter dem unwegsamen Gestrüpp führte der Pfad einen steilen Hang hinauf, weiterhin flankiert von meterhohen Dornenbüschen.

Manche ragten in den Weg, sodass Anna drübersteigen oder sie beiseiteschieben musste. Ihre nackten Arme waren bald völlig zerkratzt, aber das kümmerte sie nicht, denn sie hatte endlich ein Ziel!
Nach einigen Kehren erreichte sie eine kleine Lichtung, die ihr bekannt vorkam. Am Waldrand entdeckte sie – das Quellhäuschen.
Anna hielt inne. Sie hatte vor einigen Stunden – oder Tagen? – auf eben dieser Lichtung gestanden. Mit Ben, Romy und Jakob. Und doch wirkte alles anders. Völlig anders. Nicht nur, dass die Bäume des angrenzenden Waldes weit weniger hoch aufragten – das Häuschen war schlichtweg nicht fertig gebaut.
Die schwere Eisentür war metallfarben. Das aus groben Steinquadern bestehende Fundament schimmerte ihr sandhell entgegen. Die Eisenplatte über dem Eingang jedoch fehlte. Zwar war der Platz dafür in der Wand eingelassen, aber mehr nicht.
Anna lief zur Tür des Quellhäuschens. »Jakob? Jakob, bist du da drin?«
Sie lauschte, aber niemand antwortete. Beherzt legte sie die Hand auf die Klinke. Ein raschelndes Geräusch ließ sie zusammenzucken. Es kam aus dem Dickicht seitlich der Hütte. Sie spähte in das dichte Grün. Jemand oder etwas bewegte sich durch das Unterholz. Kleine Ästchen brachen, wieder raschelte trockenes Laub.
Reflexartig sprang Anna von der Tür weg und tauchte hinter dem Gebäude ab. Sie presste sich gegen die Steine, die immer noch warm waren, obwohl die Sonne nur noch schwach zu erkennen war und die eigentümlich helle Nacht angebrochen war. Sie wagte kaum zu atmen.
Die Schritte kamen näher, bewegten sich rhythmisch über den Waldboden. Jemand räusperte sich. Anna hielt die Luft an. Sie hörte den schweren Atem des Fremden, keuchend und schleppend, als wäre er gerade gerannt. Den Geräuschen nach blieb er unmittelbar vor der Tür stehen. Ein metallisches Klicken ertönte, das Scharren der Tür über den Boden. Danach – Stille.
Und plötzlich: »Hier steckst du also!«
Anna erstarrte. Er stand direkt hinter ihr!
Sie wirbelte herum und starrte aus nächster Nähe in sein Gesicht, das zur Hälfte vom breiten Kragen des Ledermantels verdeckt wurde. Diese Augen – dunkel und kalt. Irgendetwas daran war seltsam.

Verwirrend und falsch. Panisch wich Anna zurück. Hinter ihr lag der Wald, dicht und undurchdringlich. Der Fremde hielt ein Messer in der Hand. Er kam näher, langsam und schlurfend. Anna wollte loslaufen, aber etwas Hartes traf sie in den Rücken und ließ sie stürzen. Im nächsten Augenblick folgte der Schmerz. Der Mann beugte sich über sie, packte ihr Haar.
»Du entkommst mir nicht! Niemand entkommt mir!«
Anna schrie gellend auf, als er sie an den Haaren hinter sich her schleifte, als wäre sie eine Stoffpuppe. Purer Schmerz drängte jeden klaren Gedanken zurück. Sie versuchte aufzustehen, um den Zug abzumildern.
Der Pein zum Trotz riss sie den Kopf von ihm weg. Die Angst verlieh ihr Riesenkräfte. Der Ruck war so heftig, dass sie sich selbst dicke Haarbüschel aus der Kopfhaut riss. Der Überlebenswille drängte jeden Schmerz zurück. Sie war frei.
Der Mann hielt inne und warf einen ungläubigen Blick auf die Haarsträhnen in seiner Hand. Anna nutzte den Moment und startete durch, warf sich ins Dickicht, kämpfte sich durch Laub und Zweige in den angrenzenden Wald. Äste klatschten ihr ins Gesicht, aus dem Boden ragende Wurzeln brachten sie zum Stolpern, Dornenranken zerrten an ihr, als hätten sie sich auf die Seite ihres Peinigers geschlagen und wollten sie mit aller Macht zurückhalten. Im Laufen vernahm sie das Reißen von Stoff – oder war es ihre Haut? Egal. Bloß weiter.
Der Waldboden verschluckte ihre Schritte, doch hinter sich hörte sie ein angestrengtes Keuchen. Viel zu nah. Sie wagte nicht, sich umzudrehen, preschte weiter zwischen den Bäumen hindurch wie eine Slalomläuferin. Oder ein Beutetier, das den Bluthunden zu entkommen versucht.
Plötzlich hörte sie in der Ferne das Orchester aufspielen, dazu gedämpfter Applaus des Publikums.
Anna rannte um ihr Leben, das Keuchen ihres Verfolgers im Nacken. Er rief etwas, aber sie verstand seine Worte nicht. Mit brennenden Lungen hetzte sie weiter. Die Trompeten spielten die Melodie, die lauter und treibender wurde. Ein Ast verhakte sich an ihrer Schulter, nein, kein Ast. Er hatte sie eingeholt und gepackt. Anna verlor den Halt, stürzte. Im Fallen vernahm sie den einsetzenden Trommelwirbel. Der Waldboden raste auf sie zu. Aber die Landung blieb aus. Ein Paukenschlag, und …

»Aus dem Weg, Mädchen! Oder willst du, dass die Pferde dich tottrampeln?«
Blindlings drehte Anna sich zur Seite, rappelte sich auf und tauchte unter dem Pferdehals hindurch.
»Was ist mit dir, du blutest am Kopf!«
Anna antwortete nicht. Wortlos setzte sie sich in Bewegung und steuerte auf die Wohnwagenreihe zu. Sie musste zu Galina, ihr erzählen, was sie gesehen hatte. Sie warf einen kurzen Blick zu dem noch immer verdutzt dastehenden Pferdeführer, der seine Tiere in den Griff zu bekommen versuchte. So wie jedes Mal zu Beginn der Zeitschleife.
Anna versuchte ihre Gedanken zu sammeln. Was bedeutete es, dass das Quellhäuschen sich veränderte und sich offenbar in jeder Schleife in einer anderen Zeitepoche befand? Sie hatte das Gefühl, ihr Gehirn müsse sich verknoten, als sie darüber nachdachte.
Auf dem Zirkusgelände wirkte alles wie immer. Ohne auf die Leute um sie herum zu achten, ging Anna zu Galinas Wagen. Sie musste sich zusammenreißen, um nicht loszustürmen. Aber sie durfte keine Aufmerksamkeit erregen, das wäre gefährlich. In ihrem Innern tobten die Emotionen. Die jüngsten Erlebnisse waren heftig gewesen. Und noch immer keine Spur von Jakob … Sie dachte an den Polizisten, der ihr vorgeworfen hatte, eine Spionin zu sein. Was für ein Irrsinn! Und dieser Typ in dem Gerätewagen, der sich vom Teufel verfolgt gefühlt hatte … Daniel. Dann der Mann im Ledermantel. Hatte er sie töten wollen? Bei der Erinnerung an ihn fühlte sie wieder den Schmerz auf ihrer Kopfhaut.
Sie war so in Gedanken vertieft, dass sie nicht auf den Hund achtete, der mitten auf dem Weg stand. Prompt stolperte sie über ihn. Er jaulte, und Anna hätte am liebsten mitgejault, vor lauter Angst und Verwirrung und Schmerz und Panik.
»Dummer Hund«, schimpfte sie, ging aber gleich darauf in die Hocke, um sich bei dem Kleinen zu entschuldigen. Dieser tapste schwanzwedelnd um sie herum und versuchte ihre tätschelnde Hand mit seiner Schnauze zu erwischen, um sie abzulecken. Das Tier war in einem jämmerlichen Zustand, ausgemergelt und mit zottigem Fell. Sie kraulte seine Schlappohren, was ihn zu einem freudigen Aufbellen veranlasste. »Ja, du bist ein Guter, nicht wahr?«
Anna liebte Hunde, im Gegensatz zu Jakob, der ein Katzenmensch war.

»Jetzt ist es aber gut, du kleiner Racker, ich muss weiter. Ich kann dich nicht länger kraulen.« Das sah das Tier offenbar anders. Kaum richtete sie sich auf, schmiegte er sich an ihre Beine und drückte den Kopf gegen sie. Der Hund wedelte freudig mit dem Schwanz, als sie nachgab und ihm noch einmal die Ohren kraulte. Doch plötzlich drang aus seiner Kehle ein Knurren, erst leise und warnend, dann bedrohlich. Dabei sah er an Anna vorbei.
Mit einem unguten Gefühl drehte sie sich um. Ihr Gegner stand nur wenige Meter entfernt, fast zum Greifen nahe, und sah sie an. Anna starrte in seine dunklen, kühlen Augen. Der Kragen seines Mantels war hochgeschlagen.
Sie brauchte einige Sekunden, um zu verstehen, was sie an diesem Fremden schon vorhin, als sie ihn zum ersten Mal aus der Nähe gesehen hatte, so verstörend fand. Etwas an ihm stimmte nicht. Die Augen gehörten einem alten Menschen, sie wirkten, als hätten sie schon viel gesehen. Doch das markante Gesicht war glatt und vollkommen faltenlos.
Ein jugendlicher Greis, schoss es ihr durch den Kopf.
Sie wollte schreien, aber ihre Stimme versagte – was den Hund nicht daran hinderte, lautstark zu bellen. Als der Fremde jedoch näherkam, verstummte er. Winselnd und mit eingezogenem Schwanz flitzte das Tier davon.
»Du entkommst mir nicht.« Er war so nah, dass sie seinen Atem zu spüren glaubte. Er klang nicht wütend und sprach auch nicht laut, seine Worte schienen einfach eine Tatsache festzustellen.
»Anna! Hier steckst du!«
Eine Hand legte sich auf ihre Schulter. Galina! Anna öffnete den Mund, doch kein Ton kam ihr über die Lippen.
»Ich hab dich schon überall gesucht!« Galina zog sie behutsam einen Meter zurück. Sie wandte sich an den Fremden. »Danke, dass Sie sich um sie gekümmert haben. Sie ist in letzter Zeit so verwirrt.«
Was in aller Welt tat sie da? Wie redete sie mit ihrem Feind? Dann begriff Anna: Alle Leute rundum schauten zu ihnen herüber. Der Fremde konnte nichts unternehmen, ohne dass andere eingriffen.
Mit sanfter Gewalt zog Galina sie fort. Den Mann ließ sie nicht aus den Augen. »Geh!«, zischte sie Anna zu.
Annas Puls schlug hart in ihrem Hals, aber sie gehorchte, setzte sich in Bewegung, ohne sich noch einmal umzudrehen.

Jeden Augenblick rechnete sie damit, aufgehalten zu werden, dann konnte sie nicht mehr anders und rannte los, den Schotterweg entlang. Zunächst irrte sie ziellos über das Gelände, froh darüber, entkommen zu sein. Sie wollte nur weg von hier, einfach weg, Jakob finden, zurück zu Ben und Romy!

Wie von selbst schlug sie erneut den Weg zum Quellhäuschen ein, vorbei an den Stallungen und einer Frau, die Wäsche auf eine Leine hängte. Den Weg durch das Brombeergebüsch fand sie schnell, und bald erreichte sie die Lichtung.

Außer Atem blieb sie stehen. Galina hatte sie gerettet. Um sie zu beschützen, hatte sie sich selbst in große Gefahr gebracht. Was war ihr Plan? Wie wollte sie sich aus dieser Situation befreien? Auf all diese Fragen wusste Anna keine Antwort. Und sie spielten in diesem Moment auch keine Rolle.

Sie musste zum Quellhaus und herausfinden, was es damit auf sich hatte. Ob ihr Bruder dort war.

Über ihr zwitscherten Vögel und hießen den Abend willkommen. Wiederum wirkte die Lichtung völlig anders – die Bäume ringsum waren ungleich höher und dichter als zuvor. Das Dach des Quellhäuschens lugte zwischen den Ästen einer Linde hervor.

Unmittelbar davor blieb sie stehen. Das Häuschen wirkte diesmal so ähnlich wie in der Gegenwart, als sie es zum ersten Mal gesehen hatte. Fertiggestellt, verwittert. Nur die Tür, durch die sie sich gequetscht hatte, war fest verschlossen. Und wenn sie genau hinsah, kam es ihr vor, als wäre das Häuschen in einem noch schlechteren Zustand. Teile des Daches fehlten, und die Fassade war so sehr mit Moosgeflecht und Efeu bewachsen, dass der Stein darunter kaum zu erkennen war.

Im Kontrast dazu stand die Metalltür, die beinahe neu und vollkommen unversehrt wirkte. Auf Kopfhöhe gab es ein metallenes, quadratisches Rankengeflecht, an dessen Ecken Blüten eingearbeitet waren. Doch für diese filigrane Schönheit hatte Anna keinen Blick. Kurz fragte sie sich, ob die Tür schon immer so aufwendig verziert gewesen war. Sie erinnerte sich nicht.

Als sie die Hand auf die eiserne Klinke legte, zögerte sie. Die Sonne war rasch hinter den Bäumen verschwunden. Die Sterne blinkten bereits am Himmel.

Die Zeit spielte endgültig verrückt, sie schien zu rasen. Sie war doch gerade erst auf der Wiese zu sich gekommen.

Anna zwang sich dazu, Ruhe zu bewahren. Panik brachte sie nicht weiter. Sie drückte die Klinke, die überraschend kalt war, obwohl doch die ganze Zeit die Sonne darauf geschienen haben musste.

Die Tür war verschlossen. Wütend hämmerte sie gegen das Eisen. »Jakob!« Wilde Schläge ihrer Fäuste mischten sich mit ihren Rufen, die zunehmend verzweifelter wurden. »Jakob!« Sie merkte, dass ihr Tränen über die Wangen liefen. Sie fand keine Kraft, sie zurückzuhalten. Es war alles so hoffnungslos.

»Anna?«

Sie erstarrte. Ihre Fäuste blieben in der Luft stehen, sie schwebten nur wenige Zentimeter vor der Tür.

»Jakob! Bist du da drinnen?« Sie hielt die Luft an. Das Blut rauschte ihr in den Ohren, während sie durch die Tür lauschte. Eine Weile hörte sie nichts, nur das unentwegte, schnelle Pochen ihres Pulsschlags.

»Anna …« Dünn und leise und atemlos. Auch wenn sie die Stimme kaum wiedererkannte: Es war Jakob. Er musste es einfach sein.

»Ich hol dich raus! Halt durch, hörst du?« Sie trat einen Schritt zurück, überlegte fieberhaft, wie sie die Tür öffnen konnte. Sie wirkte so robust und solide wie von einem Stahltresor. Würde ein Ast helfen? Sie verwarf den Gedanken sofort.

Unter das Zirpen der Zikaden mischte sich das leise Zwitschern eines Vogels. Dunkel und melodiös.

Hastig suchte sie die nähere Umgebung ab, fand im hohen Gras ein Strebenteil des ursprünglichen Dachs, das im Laufe der Jahre abgefallen sein musste. Es hatte Rost angesetzt, wirkte aber stabil. Vielleicht konnte sie es als Stemmeisen nutzen.

Sie befreite die Strebe aus den Klauen des Wiesenkrauts und setzte sie zwischen Tür und Zarge an – oder versuchte es zumindest. Es gab nur einen Schlitz von wenigen Millimetern. Ja, die Spitze fand Halt.

»Jakob? Ich hol dich raus!«

Mit aller Kraft stemmte sie sich gegen das Eisen. Sie drückte und zerrte. Unterbewusst nahm sie wahr, dass das Zwitschern der Vögel lauter zu werden schien.

Sie sangen ein Lied, mit dem sie die Nacht begrüßten. Eine Melodie, die Anna irgendwie bekannt vorkam.
Sie hielt in der Bewegung inne, lauschte. Nicht nur die Vögel sangen, in der Ferne war jetzt auch das Orchester zu hören, der aufkommende Wind trug Musikfetzen herüber.
Instrumente spielten eine treibende, lauter werdende Tonfolge, die weitergetragen wurde vom Wind und von den Vögeln. Und jetzt erkannte Anna die Melodie: Sie kündigte das Ende der Zeitschleife an!
Der Schock über diese Erkenntnis traf sie so unvorbereitet, dass ihr beinahe die Stange aus den Händen geglitten wäre. Es war so wenig Zeit gewesen diesmal … oder täuschte sie sich?
Sie hörte die Stimme ihres Bruders, der ihren Namen rief, immer wieder.
Anna begriff, dass es zu spät war.
»Jakob!« Noch einmal setzte sie das Eisen an, drückte mit aller Kraft. Die Türzargen knarzten.
Sie setzte alles in diesen letzten harten Ruck. Der Türspalt vergrößerte sich. Beinahe konnte sie die Finger hindurchstecken.
Dann: ein Paukenschlag.

Diesmal war sie auf der Hut und ließ es gar nicht erst so weit kommen, dass jemand auf sie aufmerksam wurde. Kaum schlug sie die Augen auf, rappelte sie sich hoch. Die Pferde und der Mann waren noch einige Meter entfernt, als Anna loslief.

Sie musste sich beeilen. Noch stand die Sonne hoch am Himmel, aber die Zeit in den Durchgängen verging immer schneller – oder es blieb immer weniger Zeit. Anna wusste nur eins: Dieser Unbekannte mit den unergründlichen Augen machte Jagd auf sie, und wenn er herausbekam, wo ihr Startpunkt war, würde er ihr dort auflauern.

Sie hörte ein Bellen, nicht weit entfernt. Der Hund! Anna blickte über die Köpfe der Menschen, die auf dem Weg zum Zelt waren, und sah tatsächlich das Tier, gegen das sie vorhin gestoßen war. Die Gefahr war groß, dass ihr Gegner dorthin zurückkehrte, um sie abzufangen.

Schnell tauchte Anna ab und eilte in die entgegengesetzte Richtung.

Was war mit Galina geschehen? War sie dem Unheimlichen entkommen? Wusste er nun über die junge Artistin Bescheid?

Aber Anna durfte keine Zeit verlieren. Sie musste ihren Bruder befreien!

Also hetzte sie los, in Richtung Brombeergestrüpp. Sie verdrängte den Gedanken an das, was sie am Quellhäuschen erwartete. Sie passierte die Tiergehege und zuckte zusammen, als der Tiger aufbrüllte. Er streifte hinter dem Gitter auf und ab und fixierte sie mit schwarzen Augen. Anna schenkte ihm keine Beachtung, sah sich aber nach einer Eisenstange um, die ihr helfen könnte, die Tür des Häuschens aufzustemmen. Immerhin fand sie eine Spitzhacke, mit der sie sich anschließend den Weg hinaufquälte.

Obwohl es schon wieder zu dämmern begann, schien es immer heißer zu werden. Sie schleppte sich durch das Gestrüpp. Die Hacke hinter sich her ziehend, erreichte sie wenig später die Lichtung. Die Kronen der hoch aufragenden Bäume ringsum schienen auf sie hinabzublicken. Die Sterne standen inzwischen strahlend hell am Firmament. Wieder wirkte alles anders als bei ihrem letzten Besuch. Es … gab kein Quellhaus! Stattdessen stand dort ein Baum, eine Linde.

Anna konnte es nicht fassen. Sie musste sich täuschen! Sie blickte durch die Baumreihen, suchte nach Konturen des Gebäudes. Hatte sie sich verlaufen? War dies eine andere Lichtung?

Unsinn! Sie kannte den Weg, nur war das Quellhäuschen weg. Es war, als hätte es nie existiert.

Nein – falsch! Es existierte noch nicht!

Vor Erschöpfung glitt ihr die Hacke aus den Fingern. Sie lehnte sich gegen die Linde, deren raue Rinde sie angenehm kühlte. Sie wusste nicht mehr ein noch aus.

Ein verzweifeltes Lachen stieg ihre Kehle hoch, gleichzeitig schossen ihr Tränen in die Augen. Das war ein Albtraum. Sie verlor den Verstand. Sie drehte durch.

Etwas knackte hinter ihr im Unterholz. Mit angehaltenem Atem hielt sie inne und lauschte.

Stille, sonst nichts.

Dann knackte wieder ein Ast, das Geräusch von Schritten auf trockenem Laub. Fest an die Linde gedrückt lugte Anna am dicken Stamm vorbei. Sie sah nichts, aber sie hörte, wie sich jemand näherte.

Ein weiteres Rascheln, dann sah sie zwischen dem Grün der Zweige etwas Dunkles. Einen Ledermantel. Vielleicht war er zwanzig Meter von ihr entfernt, kaum mehr. Er war noch nicht aus dem Unterholz auf die Lichtung getreten. Ein Ast zerbrach unter den schweren Stiefeln.

Sollte sie ausharren und darauf hoffen, dass er sie nicht sah? Ihr Blick fiel auf die Spitzhacke. Vielleicht, wenn sie ihn überraschen und …

Nein!

Die Hacke war so schwer, dass sie damit keinen gezielten Schlag ausführen konnte. Und würde sie ihren Feind nicht erwischen, dann …

Halt! Halt, Anna!
War es nicht verrückt, dass sie darüber nachdachte, eiskalt einen Menschen zu ermorden? Aber es wäre kein Mord, sondern Notwehr. Und trotzdem – der Gedanke entsetzte sie.
Sämtliche Nerven waren gespannt und steuerten auf einen einzigen Reflex zu: Flucht!
Ohne nachzudenken, stieß sie sich vom Baumstamm ab und rannte los. Schnelle Schritte folgten ihr. Blindlings schlug sie sich in die Büsche. Sie fühlte Widerstand, als würde der Wald seine langgliedrigen Finger nach ihr ausstrecken. Sie stolperte auf den Pfad, der zurück zum Zirkus führte. Kaum lag der Weg vor ihr, rannte sie um ihr Leben. Sie stürzte, rollte den steilen Hang hinab und quetschte sich rücksichtslos durch die Brombeersträucher. Erst als sie den Schutz der Zirkuswagen erreicht hatte, wurde sie langsamer. Ihr Atem ging keuchend, sie hatte Seitenstechen. Aber sie musste weiter, zu Galina, ihrer einzigen Verbündeten in diesem Irrsinn. Diesmal schien sie ihren Verfolger abgehängt zu haben, trotzdem versteckte sie sich einen Moment und wartete. Würde der Mann gleich durch die Brombeerbüsche treten? Doch nichts rührte sich.
Schließlich nahm sie all ihren Mut zusammen und lief schnurstracks zum Wagen der Artistin, wo sie gegen die verschlossene Tür klopfte. »Du musst mir aufmachen! Bitte!«
»He, Mädchen! Suchst du Galina?« Der Mann, der ihr diese Frage stellte, führte ein großes Pferd am Zügel, das ein dumpfes Schnauben von sich gab. »Sie hat ihre Vorstellung. Gerade jetzt dürfte sie sich hoch oben in der Luft befinden.«
Anna erstarrte kurz, als sie seine Aussage begriff. Es ging schon wieder auf das Ende des Zeitzyklus zu!
Sie rannte ohne ein weiteres Wort in Richtung des Zirkuszelts. Er rief ihr noch etwas hinterher, was Anna nicht verstand.
Nett hatte es nicht geklungen.
Auf dem Weg zum Hauptzelt hörte sie aufgeregte Rufe. Jemand schrie etwas von einem Feuer, und Anna sah, dass ein Strohballen hellauf in Flammen stand. Er lagerte neben einem Tierkäfig, der momentan leer stand. Die Feuerzungen leckten bereits an einem Zirkuswagen direkt daneben.

Vier Männer schütteten Eimer mit Wasser darauf und weitere Helfer eilten herbei. Anna ignorierte die Szene; das war nicht ihr Problem, und – so verrückt es klang – mit dem nächsten Durchgang der Zeitschleife wäre es sowieso gelöst.
Bald stand sie vor dem Zelt. Aus Erfahrung wusste sie, dass es ein hoffnungsloses Unterfangen war, es am Haupteingang zu versuchen. Also nahm Anna erneut den Nebeneingang, nannte die Parole – Salto mortale – und trat ein.
Die Zuschauerreihen im Zirkuszelt waren dicht besetzt. Alle Blicke waren auf die Trapezplattform hoch über der Manege gerichtet, die von einem einzelnen grellen Spot beleuchtet wurde. Dort stand Galina.
Anna schob sich an einem Clown vorbei. Sie bekam allein vom Zusehen Schwindelanfälle.
Am anderen Ende der Manege befand sich eine weitere Plattform. Diese war jedoch nicht ganz so hoch. Die Streben waren mit Seilen verbunden. Zwei Männer schwangen kopfüber an Schaukeln in pendelnden Bewegungen.
»Sehen Sie nun unsere Artistin Galina bei ihrem gewagten dreifachen Rückwärtssalto ohne Netz und doppelten Boden.«
Das Publikum stieß ein Raunen aus. Auf dem Podest über dem Manegeneingang stand der Zirkusdirektor mit einer Flüstertüte in der Hand. Hinter ihm saß das Orchester. Wie auch die Zuschauer verfolgten die Musiker gebannt die Darbietung.
Galina winkte dem Publikum von der winzigen Plattform aus zu. Ihr Gesicht wirkte konzentriert. Ein Trommelwirbel setzte ein.
Der kopfüber hängende Mann schwang bis zur Mitte zwischen den Trapezplattformen, pendelte zurück, wieder vor. Seine Aufgabe war klar. Galina würde zum Sprung ansetzen und er musste sie auffangen. Verfehlte Galina ihn oder er sie, wäre das Galinas sicherer Tod. Die Artistin drehte sich mit kleinen Schritten um, wandte dem Publikum zur Rechten den Rücken zu. Das Orchester spielte, leise und getragen, eine Melodie, die Anna nur zu gut kannte.
»Galina!«, schrie Anna. »Ich brauche deine Hilfe!«
Tatsächlich bemerkte Galina sie. Die Überraschung stand ihr ins Gesicht geschrieben.

Aus dem Augenwinkel bemerkte Anna, wie der Clown auf sie zukam. Anscheinend gefiel es ihm nicht, dass sie die Hauptattraktion ablenkte. Aber Anna lief die Zeit davon. Schon wieder.

Mit einem Mal lächelte Galina. Sie strahlte geradewegs hinunter zu Anna. Die Band spielte lauter, schneller. Zum Trommelwirbel gesellten sich aufkreischende Trompeten. Galina hob den Arm, winkte erneut in die Menge. Begeisterte Rufe von allen Seiten. Dann stoppte der Trommelwirbel. Einzelne Schläge gaben den Takt vor. Das Publikum klatschte dazu, rhythmisch und anschwellend.

Der Clown erreichte Anna. »Auf deinen Platz mit dir! Was du da machst, ist lebensgefährlich! Galina muss sich konzentrieren!« Es war derselbe Clown, dem sie schon einmal begegnet war … der seine Späße mit ihr getrieben und sich gleichzeitig besorgt nach ihrem Wohlergehen erkundigt hatte.

Die Trompetenklänge schwollen an, steuerten auf ihren Höhepunkt zu.

Galina sah Anna direkt an und rief ihren Namen. »Es gibt keinen anderen Weg! Versteh das! Bitte.« Sie sprang nicht … sie ließ sich einfach nach hinten fallen.

Unerreichbar für den schwingenden Artisten, der entsetzt aufschrie – wie in der Sekunde danach das gesamte Publikum.

Galina hielt die Arme weit ausgebreitet und stürzte rücklings in die Tiefe, auf die Manege zu.

Zwei Dinge geschahen gleichzeitig: Der Paukenschlag ertönte. Und Galina schlug unten auf.

Für Anna wurde alles schwarz.

WILLST DU ERFAHREN, WIE ES ANNA BEI IHREM NÄCHSTEN ERWACHEN ERGEHT, BLÄTTERE AUF **SEITE 84**.

WILLST DU WISSEN, WIE ES BEI ROMY UND BEN WEITERGEHT? DANN LIES AUF **SEITE 148**.

46 »Das ist ein Löwe«, sagte Romy. »Genauer gesagt das Sternzeichen Löwe!«

»Seit wann kennst du dich mit so einem Hokuspokus aus?«, fragte Ben.

Romy schnaufte ärgerlich. »Horoskope sind kein Hokuspokus«, sagte sie entschieden. »Außerdem bin ich Löwe, also werde ich wohl mein Sternzeichen erkennen!«

Anna hatte keinen Nerv für die Zankereien der beiden. Das einzig Entscheidende war, dass ihre Freundin das Symbol erkannt und damit vielleicht die Spur zu Jakob gefunden hatte. Auf dem Lageplan waren nämlich Löwenkäfige eingezeichnet. Offensichtlich wollte der Affe, dass sie dorthin gingen!

Auf dem Weg bückte sich Ben plötzlich und hob etwas auf, das im hohen Gras neben dem Weg gelegen hatte.

»Mein Handy!« Romy riss ihm das Mobiltelefon aus der Hand. Das Glas war zersprungen. Die drei tauschten ratlose Blicke aus.

Anna eilte weiter, in Richtung der Löwenkäfige. »Jakob?« Alle paar Meter rief sie seinen Namen, doch es kam keine Antwort. »Verdammt, wo bist du? Das ist nicht lustig!« Sie sah über die Schulter zurück. Ben und Romy hatten Mühe, ihr zu folgen. Egal. Sie rannte weiter, bis sie eine schmale Gasse erreichte, die links und rechts von Käfigen flankiert wurde. Sie lauschte, doch sie hörte nur ihren eigenen Herzschlag, der heftig gegen ihre Rippen trommelte.

Was ging hier bloß vor? Was war mit Jakob? Wieder kam ihr die Leiche des alten Mannes in den Sinn – und der Zettel, den er in der Hand gehalten hatte. Er verwies auf den Zirkus, auf den Wohnwagen der Artistin Galina. Das stand nun eindeutig fest. Anna fiel ein weiteres Detail ein, das sie bislang nicht beachtet hatte. Die Zahl auf dem Zettel!

1952!

Das war das Jahr, aus dem Galinas Tagebucheinträge stammten. Das konnte kein Zufall sein.

War der alte Mann vor seinem Tod hier gewesen? Es musste fast so sein. Auf der Nachricht stand, er sei gefangen. Wo und warum, war unklar, aber die ganze Sache gefiel Anna nicht. Erst recht nicht, da Jakob nicht aufzufinden war. Wurde auch er, von wem auch immer, gefangen gehalten?

Jakob war verschwunden, weil er einem Affen hinterhergewetzt war. Einem – bescheuerten – Affen!
Anna war so in Rage, dass ihr Tränen der Wut und Verzweiflung übers Gesicht liefen. Sie passierte ein hölzernes Wasserbecken ohne Wasser.
Plötzlich ertönte ein Knall, so laut, dass sie heftig zusammenzuckte. Das Geräusch ließ sich schwer einordnen. Es klang, als wäre etwas Großes, Metallisches zu Boden gefallen.
Sie eilte in die Richtung, aus der der Lärm gekommen war, rannte so schnell den Käfiggang zurück, dass ihr die einzelnen Eisenstreben wie eine durchgehende Wand vorkamen.
Sie landete auf einem Platz unmittelbar vor einem weiteren Gehege. Von wo war das Geräusch gekommen?
Aus dem Augenwinkel glaubte sie eine Bewegung zu erkennen. Sie drehte sich um, und ihr Blick fiel auf ein schmutzig graues Zelt in der Nähe des Geheges. Davor stand ein hölzerner Leiterwagen, der vielleicht einst mit Heu beladen gewesen war. Eine lose Zeltplane bewegte sich sacht, als wäre gerade jemand in das Zelt getreten. Sie wagte kaum zu atmen.
Jakob!
Sie hastete zu dem Zelt. Am Eingang hob sie die schwere Zeltplane, drückte sie zur Seite und schob sich hindurch.
Etwas zog an ihr. Keine Hand, nichts Materielles. Es fühlte sich an wie ein Wirbelsturm, der mit voller Kraft an ihr zerrte und sie ins Zelt riss. Bloß, dass da kein Zelt mehr war.
Um sie herum wurde es dunkel. Nachtschwarz. Mit einem Mal zerrissen grelle Lichter die Schwärze. Unzählige winzig kleine Sterne, die sich um sie drehten – oder war sie es, die sich drehte? Ihr wurde schlecht.
Endlich stoppte der Sog, aber jetzt fühlte es sich an, als würde sie fallen. Erst nach vorn, dann nach unten. Weiter und weiter. In der Schwärze glomm mit einem Mal ein Lichtermeer, bunter als sämtliche Farben der Welt.
Der Sturz verwandelte sich in ein Schweben. Das Schweben in ein Gleiten. Wieder drehte sich alles – Anna war, als schwämme sie durch einen mächtigen Strudel, der so schnell um sie herumwirbelte, dass ihr schwarz vor Augen wurde. In ihrem Kopf baute sich ein Druck auf, der keinen klaren Gedanken zuließ.

Luft!

Sie versuchte zu schreien, doch kein Ton drang über ihre Lippen. Ebenso wenig schaffte sie es zu atmen. Die Farben verblassten, ein schattenhafter Vorhang glitt über sie. Mit ihm wurde alles schwarz.

»Aus dem Weg, Mädchen! Oder willst du, dass die Pferde dich tottrampeln?« Die herrische Stimme alarmierte Anna. Geistesgegenwärtig rollte sie zur Seite und sah mit Schrecken, wie ein schwerer Huf neben ihr ins Gras stampfte – genau an der Stelle, an der sie eben noch gelegen hatte.

Eine gewaltige Pranke schob sich in ihr Blickfeld und griff nach ihr. »Himmel! Was ist denn los mit dir?« Ein Mann half ihr beim Aufstehen. »Du kannst doch nicht einfach mitten im Eingang liegen, wenn ich die Gäule in den Auslauf bringen will!«

Anna versuchte, die Verwirrung abzuschütteln. Vor ihr stand ein Fremder, nicht größer als sie selbst, aber stämmig gebaut. Er trug eine blaue Latzhose und ein weißes Unterhemd. Die sonnenrote Haut glänzte vor Schweiß. Ein dünner Oberlippenbart zierte sein Gesicht, das mit Sommersprossen gesprenkelt war. Das lichte Haar war glatt nach hinten gelegt und schimmerte wie eingefettet.

»I-ich … ich«, stotterte Anna, was den Mann zu einem milden Lächeln veranlasste. Mit der einen Hand hielt er zwei Pferde am Zügel, die nervös schnaubten und Anna mit weit aufgerissenen Augen musterten. Ihre Nüstern waren gebläht, sie tänzelten auf der Stelle, als wären sie kurz davor, sich loszureißen. Der blanke Bizeps des Mannes war gespannt. Er hielt die Tiere mit eisernem Griff.

»Also, was ist los mit dir?«, fragte er noch einmal, nunmehr eine Spur freundlicher. »Bist du hingefallen?«

Anna nickte zaghaft. Um sie herum stank es nach Pferdemist. Ihr Magen fühlte sich an, als hätte er sich verknotet.

»Du bist ja ganz blass um die Nase.« Der Daumen des Mannes berührte ihre Wange, strich darüber. »Aber immer noch besser als nass um die Blase, was? Sag mal, was hast du hier überhaupt zu suchen? Gäste haben außerhalb der Besuchszeiten nichts bei den Tieren verloren.«

»Ich …« Wieder nur ein Stammeln. Wo kam der Mann her? Und die Pferde? Welche Besuchszeit? »Ich suche meinen Bruder«, sagte sie.
»Na, hier ist er bestimmt nicht!« Er fasste ihre Schulter und schob sie sanft zur Seite, bis sie auf der Wiese vor dem Weg stand. »Setz dich ins Gras«, befahl er, »ruh dich ein wenig aus. Und dann verschwindest du, klar? Wenn der Krüger Wind davon bekommt, dass du dich auf dem Gelände rumtreibst, hetzt er die Hunde auf dich.«
»Der Krüger?«, fragte Anna verständnislos. Wo hatte sie den Namen schon mal gehört? Während der Mann mit den beiden Pferden an ihr vorbeiging, fiel ihr Blick auf eine Koppel, auf der ein Dutzend anderer Pferde graste. In der Ferne erklang die Musik einer Drehorgel und von überall ertönte das fröhliche Lachen von Kindern. Laute Rufe, aufgeregtes Geschrei.
Anna verstand überhaupt nichts mehr. Wo kamen all die Leute und Tiere plötzlich her? Im Sitzen richtete sie sich langsam auf. Sie hörte eine Fanfare, Trompeten erklangen, dann Paukenschläge.
Das war unmöglich!
»Der Zirkus«, stammelte Anna. »All die Besucher …«
Im dichten Pulk näherten sich die Leute dem Zelt, dessen Eingang weit offen stand. Gleißendes Licht sickerte heraus. Der rötliche Himmel hatte sich bereits mit unzähligen Sternen gefüllt. Tausende kleine, funkelnde Lichtlein, die vor sich hin blinkten. Und gleichzeitig sah sie dort oben noch die Sonne.
Das passte doch nicht.
Das gab es nicht.
Das war …
Sie stockte. Genau wie im Tagebuch!
Das tosende Trompeten eines Elefanten ließ sie auffahren. Sie schrie vor Schreck, denn das Geräusch kam ganz aus der Nähe. Sie reckte den Kopf in die Richtung. Die Käfige standen nicht mehr leer. Ein Tiger streifte dicht an den Gitterstäben entlang, musterte sie, schnüffelte in die Luft. Auf einer Koppel gaben zwei Zebras merkwürdige schrille Laute von sich. Das Quieken vermischte sich mit dem Platschen von Wasser. Anna erkannte das Becken, an dem sie vor wenigen Minuten vorbeigelaufen war. Nun war es gefüllt mit Wasser, drei Seehunde planschten darin herum. Ein Junge warf ihnen Fische zu.

Ich bin verrückt, dachte sie.

Ich träume.

Ich bilde mir das ein.

Ich habe einen Schlag auf den Kopf bekommen.

Ich liege irgendwo und blute und halluziniere, weil ich sterbe.

Aber sie fühlte sich eigentlich gut – also zumindest nicht verletzt. Anna stand auf. Sie ignorierte das Schwindelgefühl, drehte sich langsam im Kreis, konnte nicht glauben, was sie da sah. Die Übelkeit zerrte an ihr und kletterte die Speiseröhre empor, bis Anna es nicht mehr aushielt und sich auf dem Gras übergab. Es kam ihr vor, als würde sich ihr Magen auf links drehen.

»Du liebe Güte!«, rief der Junge mit den Fischen ihr zu. »Alles in Ordnung mit dir?« Er eilte auf sie zu. Er trug abgewetzte Arbeitshosen mit Hosenträgern und eine braune Schiebermütze.

Sie wischte sich mit dem Handrücken den Mund ab. »Geht schon«, log sie, stand auf und taumelte davon Richtung Zirkuszelt.

Diese ganzen Leute … sie waren so seltsam gekleidet, wie in einem alten Film. Es herrschte solch ein Gedränge, dass Anna kaum vorankam.

Dann stand sie vor dem riesigen Zelt. Von rechts und links, vorn und hinten rempelten Menschen sie an. Die schwache Sonne war noch immer nicht hinter dem Horizont verschwunden. Die goldene Dämmerung ließ die weißen Zeltstreifen leuchten. Gleichzeitig funkelten unzählige Sterne am Himmel. Anna fiel auf, dass die erdrückende Hitze einer angenehmen Abendkühle wich. Allerdings fiel die Temperatur so stark, dass sie eine Gänsehaut auf den Armen bekam.

Die Glühbirnen der Girlanden, die sich von den vier Zeltspitzen aus spannten, leuchteten in einem matten, orangefarbenen Licht – wie übergroße Glühwürmchen, die man an einer Schnur aufgezogen hatte.

Wie kann das sein? Die waren doch vorhin noch kaputt gewesen. Anna verstand die Welt nicht mehr. Was ging hier vor sich? Und wo waren Romy und Ben? Wo war ihr Bruder?

Wieder spürte sie Übelkeit aufsteigen. Ein großer, breitschultriger Mann schob sich vor sie. Er stand derart ungünstig gegen das Licht, dass sie zuerst nur seine Kontur erkannte. Sie blinzelte. Obwohl es bis gerade noch

sommerlich warm gewesen war, trug er einen langen ledernen Mantel und schwere, schwarze Stiefel. Starr blickte er sie an. »Du solltest nicht hier sein!«, grollte er mit tiefer Stimme.
Anna stieg ein unangenehmer Geruch in die Nase, den sie nicht zuordnen konnte. Beißend und bedrohlich.
»Wo kommst du her?«, dröhnte die Stimme.
Anna wich zurück. »Ich … tut mir leid … ich wollte doch nur …!« Sie hob abwehrend die Hände, doch da packte er sie.
»DU. HAST. HIER. NICHTS. VERLOREN!«
Jedes einzelne Wort klang wie ein Donnergrollen.
In ihrer Brust keimte Panik auf. Dieser Mann war gefährlich. »Ich gehe gerne. Lassen Sie mich einfach los und …«
»Dafür ist es zu spät!« Seine Hand fuhr in eine Jackentasche, und als er sie wieder hervorzog, hielt er ein Messer darin, dessen Klinge im Abendlicht funkelte. Mit der anderen Hand umklammerte er noch immer Annas Arm. Sie wehrte sich, stieß einen erstickten Schrei aus, als er unversehens mit dem Messer zustieß. Sie drehte sich ruckartig weg, doch es war zu spät. Sie spürte einen scharfen Schmerz an der Taille und war eine Sekunde wie gelähmt. Sie sah Blut. Wenn sie sich nicht weggedreht hätte, wäre ihr die Klinge direkt in den Bauch gedrungen. Dieser Kerl wollte sie umbringen! Einfach so!
Panisch riss sie sich los. Wieder versuchte er, sie zu packen, aber sein Griff ging ins Leere. Anna tauchte unter seinem Arm hindurch und rannte los. Ihre Beine bewegten sich mechanisch, gleichzeitig fühlte sie sich wie betäubt. Ihr war als hätte man ihr Gehirn gegen Watte ausgetauscht.
Dieser Kerl war ein irrer Killer!
Ihre Hand tastete nach der Wunde. Es tat weh, aber es kam nur wenig Blut; kaum mehr als ein kleiner Fleck auf dem Shirt. Es war wohl zum Glück nur eine harmlose Verletzung.
Im Schutz einer Menschengruppe schob sie sich an zwei Männern vorbei, die ein großes Bierfass zum Zelteingang schleppten. Von drinnen brandete Applaus auf. Sie befand sich nun im Eingangsbereich, wo die Menschen dicht gedrängt standen, ihre Karten vorzeigten und nach und nach eingelassen wurden. Schnell warf sie einen Blick nach hinten. Der Ledermantel war ganz in der Nähe. Der Mann suchte sie offenbar, aber noch sah er sie nicht.

Ein gefährlicher Mann in einem Ledermantel und schweren, schwarzen Stiefeln. Genau wie Galina es beschrieben hat, dachte sie. Doch das war lächerlich! Das lag etliche Jahrzehnte zurück, das konnte nicht derselbe Kerl sein!
Mit angehaltenem Atem tauchte sie unter der leuchtend roten Markise eines Zuckerwattestands ab. Der süße Karamellgeruch versetzte ihren Magen erneut in Aufruhr.
Was wollte der Fremde von ihr? Sie drückte sich die Hand in die schmerzende Seite, spürte das Pochen unter ihren Fingern. In welchen Albtraum war sie da hineingeraten?
Mühsam schob sie sich an einem älteren Pärchen vorbei; der Mann roch penetrant nach Schweiß und Rasierwasser. Er trug einen Hut, wie die meisten Männer hier. Die Frau hatte eine schwarze, spitz zulaufende Brille mit dicken Gläsern auf der Nase, die ihre Augen ungewöhnlich klein erscheinen ließen. Dennoch warf sie Anna einen missbilligenden Blick zu, als sie ihre kurzen Shorts musterte. Die Frau selbst trug einen wadenlangen Faltenrock, wie die meisten anderen Frauen auch. Keine einzige hatte eine Hose an …
Dem Blick folgte ein abfälliges »Ts« aus schmalen Lippen. Der Mann aber musterte unauffällig Annas Beine und wirkte dabei gar nicht unzufrieden.
Anna stahl sich an den beiden vorbei, stellte sich kurz auf die Zehenspitzen – und erschrak. Ihr Verfolger mit dem Ledermantel war zwei Reihen vor ihr. Sie konnte ihn unschwer erkennen, da er einen Kopf größer als die anderen rundum war. Er sah sich suchend um, und sie erhaschte einen kurzen Blick auf sein Gesicht. Eine hohe, glänzende Stirn. Völlig faltenlos. Jetzt drehte er sich genau in ihre Richtung. Anna schluckte trocken. Seine Augenfarbe erinnerte an die Borke eines Baums. Doch er sah durch sie hindurch – er hatte sie nicht bemerkt!
Ihr Herz pochte wie verrückt. Sie drehte sich um und rannte los. Der Fluchtversuch endete nach ein paar Schritten, als sie mit einer Person zusammenstieß. Irgendetwas bohrte sich in ihre Wunde. Anna krümmte sich vor Schmerz zusammen.
»Alles in Ordnung? Hast du dir wehgetan?« Die junge Frau, mit der sie zusammengestoßen war, beugte sich zu ihr.
Anna stieg der Geruch von würzigem Jasmin in die Nase.

Die langen, dunklen Haare der Fremden streiften ihren Arm. »Du blutest!«
»Es ist nichts.« Eine jämmerliche Lüge.
Ohne auf Annas schmerzerfülltes Stöhnen zu achten, zog die Fremde sie mit sich fort.
»Was soll das?«, beschwerte Anna sich halbherzig. Ihre Stimme klang rau. »Wo bringst du mich hin?«
»Weg«, sagte die Frau nur. »In Sicherheit!«
Wieso in Sicherheit? Woher wusste sie von Annas Verfolger?
»Du weißt nicht, wie du hierhergekommen bist, richtig?« Die Fremde war hübsch – und sie kam Anna seltsam bekannt vor. Ehe sie etwas sagen konnte, erreichten sie einen Zirkuswagen.
Anna erkannte ihn sofort. Sie war schon darin gewesen. Auf dem Treppenabsatz blieb sie stehen. Nun gab es keinen Zweifel mehr. Das Gesicht, die Haare – und das Kleid, das ihr von einem Bügel an der Garderobe in kräftigen Farben entgegenstrahlte.
»Komm!« Die junge Frau streckte Anna die Hand entgegen. »Bitte vertrau mir!«
Kaum war Anna eingetreten, schloss Galina – ja, sie war es, sie musste es sein! – die Tür hinter sich, lehnte sich dagegen und atmete tief durch. Dann zog sie vorsichtig Annas Shirt aus der Hose.
»Was tust du?«
»Deine Wunde. Ich möchte sie mir ansehen.«
»Das Messer hat mich nur gestreift.« Zumindest hoffte sie das. Ja, es kam nicht viel Blut, aber es tat verflixt weh, und was wusste Anna schon über Wunden? Also ließ sie es zu, dass Galina – lächerlich, nein, sie konnte es nicht sein, sie musste inzwischen uralt sein! – einen Blick darauf warf. Dann ging sie zu einem Schrank, wo sie einige Sachen zusammensuchte und sich daranmachte, die Verletzung zu versorgen. »Ich werde sie jetzt reinigen«, erklärte sie, bevor sie ein Stück Stoff mit einer Flüssigkeit tränkte und es auf die Wunde legte.
Anna sog scharf die Luft ein. Es brannte furchtbar.
»Du hast Glück. Sie ist wirklich nicht tief.«
»Dieser Mann«, sagte Anna mit brüchiger Stimme, »er hat ein Messer gezogen, einfach so …« Sie stockte. Sollte sie es sagen? Aber was hatte sie zu verlieren? »Ich kenne dich. Du bist Galina, die Artistin.

Und ich war schon einmal in diesem Wagen. Doch da war alles anders.« Anna begriff, wie verrückt sich das anhörte.
Galina inspizierte weiter die Wunde. »Ich glaube nicht, dass du einen Verband brauchst. Es blutet kaum noch.« Zum Beweis hielt sie ihr das Stück Stoff hin, auf dem nur ein kleiner Blutstropfen glänzte.
»Wenigstens das.« Anna atmete auf.
Galina hob den Kopf, doch sie sah an ihrer Besucherin vorbei. »Ich weiß, wie es dir geht. Und ich verstehe selbst so gut wie nichts. Ich würde dir gerne das Wenige erzählen, was ich verstanden habe. Aber ich muss schleunigst los. Zu meiner Vorstellung.«
»Du kannst mich nicht allein lassen! Ich begreife nicht, was …«
Die Artistin sprang unvermittelt auf. »Keine Zeit! Wichtig ist, dass du weißt, dass du in meinem Wagen fürs Erste in Sicherheit bist. Geh nicht raus! Warte hier auf mich. Wenn du das kannst.«
Wenn sie es konnte? Warum sollte sie das nicht können? »Mein Bruder! Hast du ihn gesehen? Er ist größer als ich und total dünn. Er …«
»Ich muss los, hörst du? Wir reden später.« Galina griff sich etwas von der Kommode, an der Anna vorhin – als alles noch verstaubt und alt und verlassen gewesen war – die Spielkarten entdeckt hatte. Jetzt hingen die Karten wieder am Spiegel. Das alles war verrückt. »Bitte lass mich nicht allein.« Ihre Stimme klang genauso jämmerlich, wie sie sich fühlte.
»Ich habe keine andere Wahl. Meine Vorstellung! Wenn ich zurückkomme, finden wir gemeinsam eine Lösung. Und glaub mir, ich werde hier sein. Wie immer. Es muss einen Grund geben, dass du da bist. Warte hier auf mich«, forderte sie erneut, und dann verließ sie den Wagen. Anna, die nicht wusste, wie ihr geschah, blieb zurück. Sie versuchte zu begreifen, was Galina gesagt hatte – doch es war so wirr gewesen.
Die Hände auf die Seite gepresst, versuchte sie den Schmerz wegzuatmen. Sie sah sich um. Eben noch hatte sie in genau diesem Wagen gestanden, doch hatte er da wie ein Museumsstück gewirkt. Nun war jede Ecke voller Leben und schillernden Farben. Nirgends gab es Staub, auf dem gemachten Bett lag ein aufgeschlagenes Buch. »Der Fänger im Roggen«, murmelte Anna. Dann sah sie, dass der Tresor offen stand. Darin lag das Tagebuch. Anna nahm es heraus.

Dazu musste sie sich bücken, aber der Schmerz war auszuhalten. Sie blätterte gedankenverloren durch die Seiten.
Was war das?
Als gäbe es nicht genug Verrücktheiten, entdeckte sie etwas, das noch verrückter war. Die Seiten, die vorhin gefehlt hatten – sie waren wieder da! Keine Blätter waren herausgerissen!
Anna blätterte fieberhaft vor und zurück, aber die Seiten waren leer. Unbeschrieben.
Ein Schatten lief am Fenster vorbei. Anna linste durch die Vorhänge. Ihr ungutes Gefühl hatte sie nicht getäuscht. Direkt vor dem Wagen war der Mann im dunklen Ledermantel. Er sah sich aufmerksam um. Er suchte sie! Ein eisiger Schauer jagte ihr über den Rücken. Wie versteinert starrte sie nach draußen und schaffte es nicht, den Blick abzuwenden.
»Ich spüre dich!«, rief er. »Ich werde dich finden, hörst du?«
Anna hielt es keine Sekunde länger in ihrem Gefängnis aus. Sie musste raus! Weg, weit weg von diesem Irren mit seinem Messer!
Sie sah, wie er um die Ecke des Wagens bog und aus ihrem Sichtfeld verschwand. Kurz spürte sie Erleichterung. Aber sie wollte trotzdem raus. Sie öffnete die Tür ein winziges Stück und linste hinaus.
Von ihrem Verfolger war nichts mehr zu sehen. Anna fasste sich ein Herz, stürmte die Treppen hinunter und rannte los, so schnell sie konnte. Im Reflex wollte sie auf den Ausgang des Geländes zustürmen, doch sie verabschiedete sich rasch von diesem Vorhaben, da sich dort kaum noch jemand aufhielt. Direkt dahinter lag eine freie Fläche, und dann begann der Wald. Falls ihr Verfolger sie entdeckte, wäre sie ihm schutzlos ausgeliefert. Und auch die Vorstellung, in der zunehmenden Dunkelheit durch den Wald zu irren, behagte ihr gar nicht. Sie würde bei jedem Geräusch einen Angriff vermuten.
Schlagartig begriff Anna die Ausweglosigkeit ihrer Situation. Welche Wahl blieb ihr? Unschlüssig verharrte sie einen Moment. Ein Meer aus Gesichtern flutete an ihr vorbei. Angezogen wie die Motten vom Licht strömten die Menschen zum Zelt. Wenn es für Anna so was wie Sicherheit gab, dann nur im Schutz der Menge.

Sie machte auf dem Absatz kehrt und wurde Teil der Menschentraube, die auf das beleuchtete Zelt zuhielt. In einiger Entfernung sah sie den Mann im Ledermantel, doch er bemerkte sie nicht.
Dicht an dicht standen sie in der Warteschlange. Im Gänsemarsch schoben sie sich weiter, stetig auf den Zelteingang zu. Sie nutzte die Zeit, um zum ersten Mal die Menschen um sich herum in Ruhe zu betrachten.
Einige trugen klobige Kameras um den Hals. Wer schleppte denn heutzutage noch so was mit sich herum? Und diese Frisuren! Toupierte Haare bei den Damen und Pomade bei den Männern. Die Frauen in Annas Sichtfeld waren allesamt schick zurechtgemacht, mit roten Lippenstiften und adretten Kleidern. Trotz der Wärme trugen viele Handschuhe, manche sogar kleine Hüte. Komplett aus der Zeit gefallen, kam es Anna in den Sinn.
Die Formulierung ließ sie nicht mehr los.
Aus der Zeit gefallen.
Und – Galina! Wie konnte Galina hier sein, jung wie auf diesem alten Foto? Oder war es ihre Tochter? Nein, eher die Enkelin. Wieso war sie bisher nicht auf den Gedanken gekommen? Weil es Unsinn ist, beantwortete sie sich die Frage selbst.
Es IST Galina.
Und diese ganzen seltsamen Leute, die hier plötzlich aufgetaucht waren, die Tiere, Pferde, der Elefant … das alles … es war …
Der Elefant hat Manni totgetrampelt, dachte sie.
So stand es in Galinas Tagebuch.
Annas Gedanken wirbelten, und die Menschenschlange schob sie weiter voran. Nur noch ein paar Meter bis zum ersehnten Eingang in das Zelt. Als nur noch zwei Leute vor ihr waren, die ihre Eintrittskarten vom Kontrolleur einreißen ließen, bemerkte sie endlich den ebenso simplen wie fatalen Fehler ihres Plans. Sie hatte kein Ticket! Der Schrecken überfiel sie eiskalt.
Eine geöffnete Hand streckte sich ihr entgegen. »Karte?«, sagte der Mann gelangweilt. Er war kaum zu verstehen, weil ihm eine Zigarre im Mundwinkel klemmte.
Anna sah ihn mit großen Augen an.

»Eintrittskarte«, präzisierte er, als wäre sie zu begriffsstutzig, um zu kapieren, was er wollte.

»Ich … also, ich …« Mehr fiel ihr nicht ein. Das passte wohl perfekt zu ihrem Gesichtsausdruck. Sie wollte im Boden versinken.

Hinter ihr erhob sich Gemurmel. Ein Ellbogen stieß sie in den Rücken, gefolgt von weiteren Rempeleien. Anna tat überrascht und suchte ihre Taschen ab. »Ich finde die Eintrittskarte nicht«, sagte sie schließlich so gefasst wie möglich. »Ich muss sie im Gedränge verloren haben.«

Der Mann zeigte so etwas wie ein bedauerndes Lächeln. Was bedeutete, dass er die Mundwinkel einen halben Millimeter anhob, was man wiederum nur sah, weil sich dadurch die Zigarrenspitze eine Winzigkeit nach oben reckte. »Keine Karte, kein Zirkus.« Er schnippte mit den Fingern, woraufhin zwei grobschlächtig aussehende Burschen herbeieilten und Anna kurzerhand aus der Menge zogen.

»Aber ich … he!« Sie versuchte sich zu wehren, doch gegen die schraubstockartigen Griffe der beiden Kerle hatte sie keine Chance. Sie setzten sie hinter dem Zaun ab. Die umherstehenden Leute bedachten sie mit Argwohn und gerümpfter Nase. Wieder galt der Blick der meisten ihren nackten Beinen. Was war nur mit diesen ganzen Leuten los?

In plötzlicher Panik sah Anna sich um. Außerhalb der Schlange war sie wie auf dem Präsentierteller. Sie musste verschwinden.

Vor ihr lief eine Gruppe von Kindern. Sie rempelten sich aufgeregt gegenseitig an. Anna schätzte, dass sie keine zehn Jahre alt waren. Sie trugen kurze, speckige Lederhosen, dazu Sandalen und geflickte Strümpfe, die bis zu den Knien reichten.

Einer der Jungen drehte sich zu ihr um. Auf seiner Nase thronte eine schief sitzende Brille mit runden Gläsern, die am Mittelbogen mit braunem Klebeband zusammengehalten wurde. Er sah sie an und rückte sich das Gestell zurecht. »Du brauchst das Losungswort«, sagte er. »Dann kommst du auch ohne Eintrittskarte in den Zirkus.« Er drehte sich um und deutete auf das Zelt. »Die Luftballons verraten es dir.«

»Luftballons? Losungswort?« Anna verstand überhaupt nichts mehr.

Der Junge grinste breit. »Na, biste schlau genug?« Sie machte einen Schritt auf ihn zu und wollte nach ihm greifen, doch er wirbelte herum und stürmte seinen Freunden hinterher. Die liefen am Zaun entlang, bis sie einen hünenhaften Typ erreichten, der einen Durchgang bewachte. Sie riefen ihm etwas zu – und er ließ die Burschen durch einen Nebeneingang ins Zelt.

Anna eilte ebenfalls auf den Hünen zu, der mit verschränkten Armen den Durchlass bewachte. Er war ein Berg von einem Mann und trug nichts als eine verschlissene Latzhose, die vor Schmutz starrte. Darunter blitzte eine behaarte Brust hervor, muskulöse Arme wölbten sich über dem Latz.

»Ich möchte in den Zirkus«, sagte Anna.

»Losungswort?«, brummte der Mann. Er schien ungefähr so gesprächig zu sein wie sein »Karte?«-Kollege.

»Ich … kenne es nicht.«

»Keine Losung, kein Zirkus.«

Das kam Anna bekannt vor. In diesem Moment spielte drinnen die Musik auf. Trompeten erklangen und die Paukenschläge wummerten in ihrem Magen. Was sollte sie bloß tun? Sie musste dort hinein, unter all den Menschen würde sie vorerst in Sicherheit sein. Vielleicht sollte sie sich verstecken, bis es dunkel war, und dann im Schutz der Nacht hineinschlüpfen? Doch ein Blick zum Himmel machte ihr klar, dass sie auf Dunkelheit noch lange warten konnte. Noch nie hatte sie einen derart prächtigen Sternenhimmel gesehen, schon gar nicht, wenn die Sonne noch nicht untergegangen war. War das überhaupt möglich?

Es gab darauf nur eine Antwort: Es war überhaupt nicht möglich.

Irgendwo brüllte ein Löwe, und wieder drang ihr der Geruch von Popcorn und heißer Zuckerwatte in die Nase. Ihr Magen knurrte. Sie schlich geduckt am Zelt entlang, um nicht aufzufallen. Sie musste dort hinein, um im Schutz der Menge zu bleiben!

Im Dämmerlicht entdeckte sie an der Zeltplane ein aufgemaltes Bild: ein bunt gekleideter Clown, der ins Stolpern geraten war und dabei versehentlich ein Dutzend farbiger Luftballons losgelassen hatte, die sich nun Richtung Himmel verabschiedeten.

Was hatte der Junge gesagt? Die Luftballons verraten dir das Losungswort! Meinte er diese Zeichnung? Anna schaute genauer hin.

Die Ballons unterschieden sich in der Größe und jeder trug einen Buchstaben.

L
R
O
S
O
A
L
A
M
E
T
T

			T	

5

DIE LÖSUNG BRINGT DICH ZUR NÄCHSTEN **SEITENZAHL.**

3.

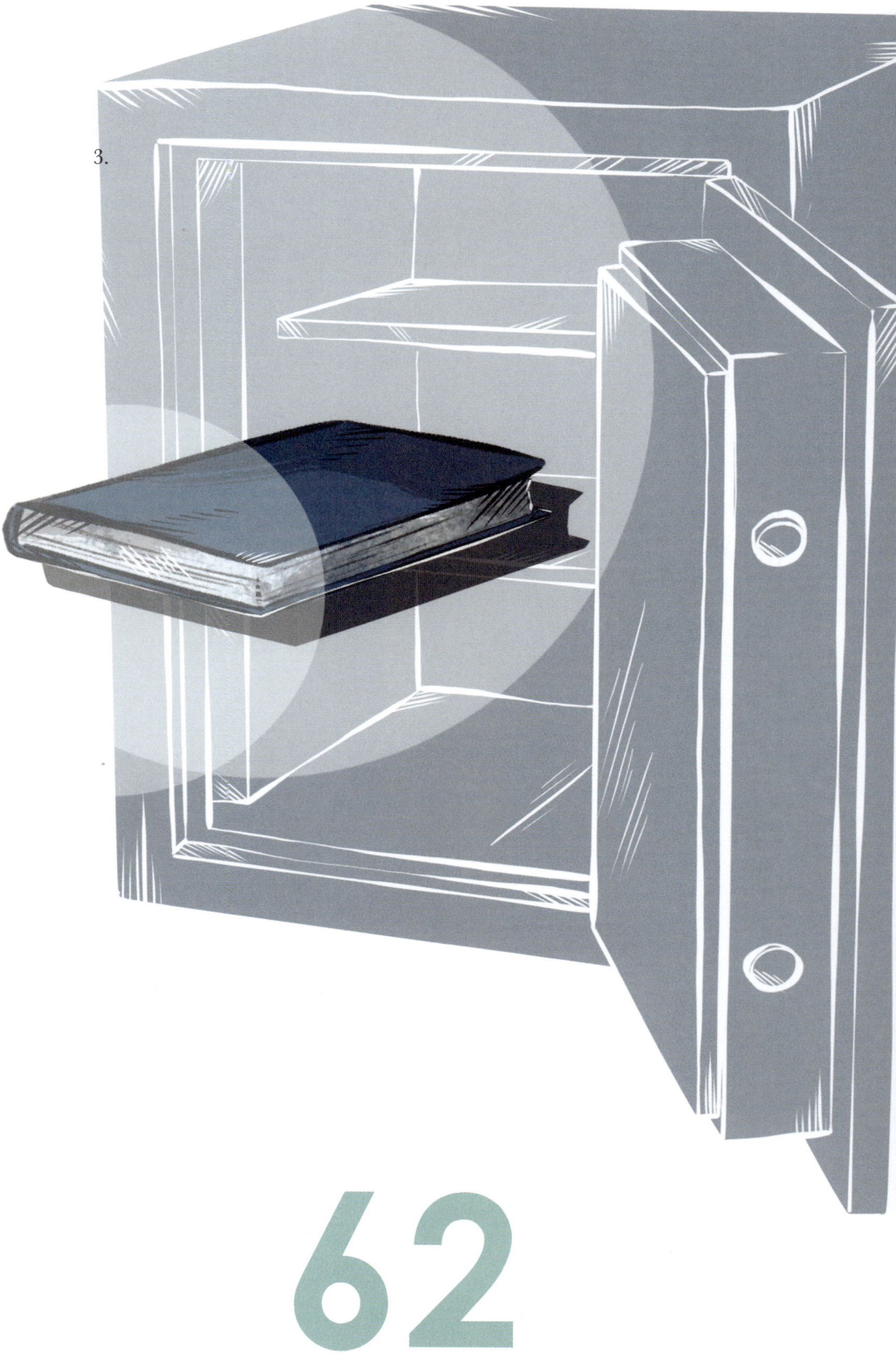

62

»Hm«, machte Romy. »Ich weiß nicht, was gerade überwiegt.« Sie sah Anna unschlüssig an. »Die Freude darüber, dass wir die Kombination geknackt haben, oder die Enttäuschung über den Inhalt.«

Anna schwieg. Wenn sich jemand die Mühe machte, ein Buch in einem Tresor zu lagern, musste es dafür einen guten Grund geben. Sie holte es aus seinem Versteck, in dem es vielleicht schon seit Jahrzehnten lag, und betrachtete den dunklen Ledereinband.

»Was glaubst du, was das ist?« Romy setzte sich neben sie.

Vorsichtig blätterte Anna durch die Seiten. Sie fühlten sich dick und samtig an, manche waren ein wenig gewellt. Die mit einem Füllfederhalter beschriebenen Seiten hatten sich an den Rändern gelblich verfärbt. Es handelte sich eindeutig um eine weibliche Handschrift. Nachdem Anna ein paar Sätze gelesen hatte, sah sie auf: »Das ist ein Tagebuch!«

»Aber von wem?«

Anna blätterte weiter und überflog die Zeilen. Dann richtete sich ihr Blick auf den Schminktisch mit all seinen Utensilien – und der Schatulle mit der Ballerinafigur, die ihre letzten Drehungen vermutlich vor Ewigkeiten vollführt hatte. »Von dem Mädchen, das hier wohnte. Dem auch das Kleid gehört.«

»Also einer Artistin.«

Eine melancholische Stimmung ergriff Anna. Was sie in den Händen hielt, waren die Empfindungen und Gedanken eines Menschen, der vor vielen Jahren mit diesem Zirkus umhergezogen war. Sie blätterte zur ersten Seite und las einen Namen: Galina Leander. »Galina. Das ist ein schöner Name. Vielleicht erfahren wir in diesem Tagebuch, warum hier alles so plötzlich verlassen wurde.«

Anna schlug eine beliebige Seite auf, dessen Eintrag mit der Nennung des Tages und einem Datum begann. »1952! Das Buch ist ganz schön alt!«

Romy nickte ungeduldig. »Los, lies schon! Jetzt bin ich wirklich gespannt.«

DER TAGEBUCHEINTRAG BEFINDET SICH AUF SEITE 177. LIES DORT WEITER.

Mittwoch, 12. Juni 1952

Jetzt sind wir bereits seit zwei Tagen in dieser abgelegenen Gegend, in der sich Fuchs und Hase gute Nacht sagen. Ich verstehe wirklich nicht, … Zelt ausgerechnet hier

»Was macht ihr da?«
Anna erschrak fast zu Tode, als die laute Stimme sie aus der Lektüre riss. Sie zuckte so heftig zusammen, dass sie beinahe das Buch fallen ließ. Aber dann erkannte sie Bens gehässiges Gekicher. Er musste ein wenig den Kopf einziehen, als er durch die Tür ins Innere trat. Dicht dahinter folgte ihr Bruder. »Habt ihr was Spannendes gefunden?« Seine Augen wurden groß, als er den geöffneten Tresor bemerkte.
»Freu dich nicht zu früh«, nahm Romy ihm sogleich den Wind aus den Segeln. »Es war nur ein Tagebuch drin.«
»Na klasse«, sagte Ben.
»Von diesem Mädchen?« Jakob deutete auf den Boden. Da lag ein Foto, das aus dem Buch gefallen sein musste. Anna hob es auf und betrachtete es. Es war die Schwarz-Weiß-Fotografie einer jungen Frau, etwa in ihrem Alter. Auf dem Bild trug sie das Kleid, das nun an der Garderobe hing.
»Ob sie das ist?«, fragte Romy leise. »Galina?«
Anna nickte.

»Hey, die ist echt hübsch!« In einer flinken Bewegung schnappte sich Ben das Foto. »Also, zumindest war sie das mal.« Er deutete zur Garderobe. »Ist das etwa das Kleid auf dem Foto?«

»Sieht ganz danach aus«, sagte Romy.

»Wir haben in ihrem Tagebuch gelesen.« Anna schlug es wieder auf.

»Was schreibt sie so?«, wollte Ben wissen.

»Sie heißt Galina. Hier – sie waren mit dem Zirkus erst vor Kurzem an diesem Ort angekommen. Galina berichtet von seltsamen Dingen. Von Unfällen und von einem Mann, der sie verfolgt. Und von einem Fluch.«

»Was steht noch drin?« Jakob griff sich das Buch und blätterte durch die Seiten. »Es hört ja einfach auf!« Verwundert sah er Anna an. »Es ist ja nicht mal bis zur Hälfte vollgeschrieben.«

Er hielt ihr den letzten Eintrag unter die Nase. Danach folgten ausgefranste Reste von einigen herausgerissenen Blättern.

»Was steht auf der letzten Seite?«, fragte Romy. »Was hat sie am Ende geschrieben?«

Jakob reichte das Buch seiner Schwester. »Lies du!«

DER NÄCHSTE TAGEBUCHEINTRAG BEFINDET SICH AUF SEITE 181. LIES DORT WEITER.

Bei der Vorstellung gestern wurde mir schwindlig, als ich hoch oben auf der Trapezplattform stand. Das war nicht wegen der extremen Höhe – sondern weil ER da war.

Im Publikum!

… und die schweren, schwarzen

»Das ist der letzte Eintrag?« Ben klang unzufrieden.
»Ja, leider«, sagte Anna und betrachtete die Reste der rausgerissenen Seiten.
»Warum hat sie das getan?« Falls es überhaupt Galina gewesen war, fügte sie im Stillen hinzu.
Natürlich konnte niemand ihr eine Antwort darauf geben.
»Vielleicht«, sagte Jakob langsam, »gibt es einen Ort, wo wir mehr erfahren. Lasst uns zum Zirkuszelt gehen. Dort ist diese Galina ja immer aufgetreten. Vielleicht finden wir irgendwelche Hinweise.«
Anna legte das Buch zurück in den Tresor und sie machten sich auf den Weg. Ihre Beklemmung wuchs mit jedem Schritt in Richtung Zirkuszelt. Ein heißer Wind zog auf, fegte über sie hinweg und riss an den zerfledderten Fahnen, die ringsum an Masten hingen. Die Böen waren so stark, dass selbst die Zeltplanen in Bewegung gerieten. Auf und ab pulsierten sie …
Als würde das Zelt atmen, schoss es Anna durch den Kopf. *Wie ein lebendiger Organismus, der uns mit unsichtbarer Kraft anzieht.*
Ob bewusst oder nicht, gingen die vier Freunde eng nebeneinander, als würde einer beim anderen Schutz suchen. Dabei gab es überhaupt keinen Grund, sich zu fürchten. Sie schlenderten am helllichten Tag über das Areal eines verlassenen Zirkus! Das hatten bestimmt schon viele andere vor ihnen in den letzten Jahren getan. Ein Lost Place eben. Nichts Schlimmes! Anna kannte so was doch – sie war schon als Teenie in Ruinen gewesen, in leer stehenden Häusern und Hallen kurz vor dem Abriss – natürlich ohne das Wissen ihrer Eltern. In einem alten Kino hatte sie sich ihren ersten Kuss und einen rostigen Nagel eingefangen, der sie einen Tag später in die Notaufnahme des Krankenhauses gebracht hatte. Der Nagel, nicht der Kuss. Die Wunde hatte sich entzündet und beinahe zu einer Blutvergiftung geführt. Aber alles war gut gegangen, da sie rechtzeitig behandelt wurde.
Doch alles innerliche gute Zureden half nichts. Die Einträge des Tagebuchs hatten das diffuse Gefühl nur verschlimmert.
Wovor hattest du solche Angst, Galina?
»He, was war das?« Jakob war ohne Vorwarnung stehen geblieben und Anna, verloren in Gedanken, stolperte gegen ihn und stieß sich die Nase an seinem Rucksack. »Was soll das, verdammt!«
Ihr Bruder brachte sie mit einer Handbewegung zum Schweigen.

»Ich hab etwas gesehen. Eine Bewegung. Hinter den beiden Wagen.«
Alle starrten gebannt in die Richtung, die Jakob vorgab. Zu sehen war nichts. Nach einer kurzen Weile ging Romy wieder los. »Das hast du dir bestimmt eingebildet!« Aber nach zwei Schritten blieb sie stehen.
»Was ist los?«, fragte Anna.
»Da vorne!«
Und da sah Anna es auch – ein Tier saß auf dem verwitterten Palisadenzaun. Zunächst glaubte sie, eine Katze vor sich zu haben. Doch das stimmte nicht, aber es dauerte, bis sie begriff. Es war so unwirklich …
… einen Affen zu sehen!
Das Tier saß seelenruhig auf dem Zaun, der den Eingangsbereich des Zirkuszelts einfasste, und musterte sie. Die Sonne fiel auf sein schwarzes Fell und brachte es zum Schimmern – fast wie Seide. Die mandelförmigen Augen hatten große Pupillen.
»Er scheint gar keine Angst vor uns zu haben.« Romy machte ein paar Schritte auf den Affen zu, während sie gurrende Geräusche von sich gab.
»Was hast du vor?« Ben lachte leise. »Willst du ihn bezirzen?«
Romy achtete nicht auf seinen Spott. »Vielleicht hat er Hunger.«
Der Affe ließ sie nicht aus den Augen, lief aber auch nicht davon.
»Willst du was zu fressen, Äffchen?« Behutsam griff sie nach hinten und befreite erst ihr Handy, dann die Brotdose aus der Seitentasche ihres Rucksacks. »Magst du etwas von meinem Mittagessen abhaben?« Sie war nur noch wenige Meter von ihm entfernt, zückte das Handy und schaltete es ein.
»Was wird das?«, zischte Anna.
»Was wohl? Ein Selfie.« Romy gluckste vergnügt. »Wie oft trifft man einen Affen im Wald?« Sie hob das Handy über den Kopf, streckte es von sich und schnitt eine Grimasse, die ein Lächeln darstellen sollte. Der Affe tat es ihr gleich: Er bleckte ebenfalls die Zähne.
»Ein fotogenes Tier«, kommentierte Jakob die schräge Szenerie.
Erst sah es aus wie ein belustigtes Grinsen, doch plötzlich zeigte der Affe die scharfen Eckzähne und stieß einen schrillen Schrei aus. Romy zuckte zurück. Der Affe sprang im hohen Bogen vom Zaun, landete auf dem sandigen Boden, setzte erneut zum Sprung an und machte einen Hüpfer auf Romy zu. Dabei riss er ihr blitzschnell das Smartphone aus der Hand und rannte damit davon.

»Na warte!« Jakob streifte seinen Rucksack ab, ließ ihn achtlos fallen und rannte dem Tier hinterher.
Anna folgte ihm. »Komm dem Äffchen bloß nicht zu nahe! Hast du seine Zähne gesehen? Wenn der dich erwischt, hast du eine üble Wunde. Vielleicht hat er Tollwut!« Mit rasendem Puls erreichte sie einen einzelnen Zirkuswagen, der sich außerhalb der Wagenburg befand, hechtete um die Ecke – doch weder vom Affen noch von Jakob war etwas zu sehen. Verwirrt blieb sie stehen. »Jakob?«, rief sie. Dann lauter: »Jakob, wo bist du?« Auf eine Antwort wartend lauschte sie.
Hinter sich hörte sie die eiligen Schritte von Romy und Ben.
»Jakob?«
Stille. Ungläubig schüttelte Anna den Kopf. Vor ihr stand ein Wagen in einem eingezäunten Wiesenstück. Ein Holztisch und drei Stühle waren in dem kleinen Garten verteilt, gebettet in Moos; einer der Stühle war umgeworfen und die Lehne mit Gras überwuchert. Direkt dahinter war eine Wäscheleine aufgespannt, doch die Schnur war leer. Diesseits des niedrigen Zauns führte ein Weg vorbei, der sich wenige Meter später teilte und zu weiteren Wagen und kleineren Zelten führte.
»Jakob! Das nicht lustig. Wo steckst du?«
Ben stellte sich neben sie. Er hielt Jakobs schweren Rucksack in den Händen.
»Wo ist er?« Hinter Ben tauchte Romy japsend auf. Kaum war sie zum Stehen gekommen, beugte sie sich nach vorn und stützte die Handflächen auf den Knien ab. »Ehrlich, Sprints sind gar nichts für mich. Ich bin Ausdauersportlerin.« Sie hob den vor Anstrengung roten Kopf und sah Anna an. Erst verwundert, dann verwirrt. »Wo ist dein Bruder?«
»I-ich weiß es nicht. Ich war gar nicht so weit weg … er ist hinter dem Wagen verschwunden … nicht viel später war ich auch da, aber keine Spur mehr von ihm.«
Ben lachte unsicher. »Weit weg kann er ja nicht sein.« Er bildete mit den Händen einen Trichter und rief Jakobs Namen.
Nur das Zirpen der Grillen antwortete ihm.
Anna sah wohl so ängstlich aus, wie sie sich fühlte, denn Ben legte ihr eine Hand auf die Schulter. »Beruhige dich. Jakob kann sich ja nicht in Luft aufgelöst haben. Der will uns einen Streich spielen.«

»Nein! Er ist kein Mensch, der anderen Streiche spielt!« Außerdem war da diese unheilvolle Ahnung, und nun war Jakob verschwunden – wie vom Erdboden verschluckt.
Dieser Ausflug entwickelte sich zu einem echten Albtraum. Mehr und mehr hatte sie das Gefühl, die Kontrolle zu verlieren. Mühsam versuchte sie, die aufsteigende Panik zu unterdrücken, ermahnte sich zur Ruhe. Es musste eine logische Erklärung für Jakobs Verschwinden geben.
Ben drückte Annas Schultern. »Wir finden deinen Bruder, keine Sorge.«
»Leute! Seht mal.« Romys zittriger Finger deutete an dem umgekippten Stuhl vorbei. Der Affe hüpfte auf sie zu und blieb auf dem Weg stehen. Dort hockte er sich in den Sand. Langsam ging Anna auf ihn zu, tunlichst darauf bedacht, keine hektische Bewegung zu machen. Das Tier musterte sie, steckte sich einen Finger tief ins Ohr, zog ihn wieder raus, besah ihn sich und ließ ihn kurzerhand im Maul verschwinden.
»Igitt!«, raunte Romy. »Da will ich gar nicht wissen, was er mit meinem Handy angestellt hat.«
»Wo ist es überhaupt?«, fragte Ben leise.
Anna hielt am Rand der Wiese an und ging im Zeitlupentempo in die Hocke. Der Affe beobachtete sie interessiert, er schien keine Angst vor ihr zu haben.
»Hallo, Affe«, sagte sie wenig geistreich und hob die Hand. Zu ihrer Überraschung tat das Tier es ihr gleich.
»Ist wohl ein dressierter Zirkusaffe«, murmelte Ben.
»Und der treibt sich seit Jahrzehnten hier allein rum, ja?«, ätzte Romy.
Ben schwieg.
»Ich tu dir nichts«, sagte Anna mit ruhiger Stimme und drückte sich dabei die Hand aufs Herz. Der Affe zögerte, vollführte schließlich dieselbe Geste.
»Ein echt schlaues Tier«, bemerkte Anna.
»Frag ihn, wo er mein Handy gelassen hat«, forderte Romy.
Anna ignorierte sie. »Wo ist der Mann hin?«, fragte sie stattdessen. »Der dich verfolgt hat?« Natürlich erwartete sie keine Antwort, dennoch musste sie diese Frage einfach stellen.
Das Tier sah sie an.
Vorsichtig. Abwartend. Lauernd.
Hinter ihr seufzte Romy. »Das hat doch keinen Sinn.

Ich meine, das ist ein Affe. Was soll er schon tun?« Sie sprach mit piepsender Stimme weiter: »Ach, der lange Kerl? Der ist dort vorne um die Ecke pinkeln gegangen!«
In dem Moment kratzte sich der Affe am Hals, streckte dann den Zeigefinger aus und zog einen Strich in den feinen, hellen Sand des Gehweges. Es folgten zwei geschwungene Linien, die den Strich kreuzten.

»Was macht der da?« Ungläubig trat Ben näher, woraufhin der Affe kurz aufschreckte. Anna hielt ihren Freund zurück. »Geh nicht zu nah ran.«
Tatsächlich beruhigte sich das Tier wieder und malte weiter im feinen Sand, bis vier Symbole zu erkennen waren.
Anna verstand überhaupt nichts mehr und den anderen schien es ebenso zu gehen. Doch der Affe guckte irgendwie auffordernd.
Romy lachte unsicher. »Habe nur ich das Gefühl, dass er uns etwas sagen möchte?«
Als wollte er ihre Worte bestätigten, tippte das Tier jedes einzelne Symbol an und strich es im Anschluss durch, bis nur noch ein einziges zu erkennen war.
»Ist es das?«, fragte Anna aufgeregt. »Willst du uns mitteilen, wo der Mann hin ist, der dich verfolgt hat?«
Der Affe gab einen Laut von sich, der alles bedeuten konnte, und bleckte grinsend die Zähne. Sein dicker Finger deutete immer wieder auf das Symbol, das nicht durchgestrichen war.

»Ich … Leute, könnt ihr euch einen Reim darauf machen, wo der Affe uns hinschicken will?«, sagte Anna.

AUF WELCHE SPUR FÜHRT DAS SYMBOL ANNA?

ZUM REPTILIENHAUS → SEITE 120
ZUM LÖWENKÄFIG → SEITE 46
INS ILLUSIONSZELT → SEITE 25

72 Anna stoppte die Drehungen der Uhrzeiger mit der Hand und drehte sie so, dass sie auf der Ziffer 72 standen. Zunächst geschah nichts, doch plötzlich hörte sie ein leises Knacken, und die Tür sprang einen Spalt auf. Mehr Licht sickerte in den Raum. Es kam ihr vor, als sei es lebendig, es bewegte sich wie Gewürm über den Boden, eroberte kriechend und tastend einen neuen Lebensraum.

Von Neugierde und dunklem Entsetzen getrieben, zog sie die Tür weit auf. Grelles Licht blendete sie. Sie kniff vor Schmerz die Augen zusammen und schirmte sie mit dem Unterarm ab.

Blinzelnd blickte sie sich um. Der Raum war um ein Vielfaches kleiner als der, in dem sie noch stand. Den größten Teil nahm eine Lichtsäule ein, die vom Boden bis zur Decke reichte und zu breit war, als dass sie sie hätte umfassen können – nicht, dass sie freiwillig auch nur einen Finger in dieses Gebilde gesteckt hätte. Das Licht pulsierte in gleißenden Spektralfarben, die Anna an einen Regenbogen erinnerten, nur dass diesen Farben jede Schönheit fehlte.

Übelkeit stieg in Anna auf. Ihr Herzschlag synchronisierte sich mit dem pulsierenden Wummern. Das dumpfe Dröhnen war so intensiv, dass sie nichts anderes mehr wahrnahm.

Sie durfte nicht zurückweichen, auch wenn alles in ihr nach Flucht schrie. Kein Zweifel … was immer hier vor sich ging, dies war der Ursprung all der schrecklichen und unerklärlichen Ereignisse!

Der Boden unmittelbar vor der Lichtsäule war durchsichtig. Anna ging darauf zu, wobei sie sorgsam Abstand zu der eigentlichen Lichtsäule hielt. Unter dem Boden floss eine bläulich leuchtende Flüssigkeit.

Sofort erinnerte sie sich – das musste dasselbe Element sein, das sie auch im Quellhäuschen entdeckt hatten! Nur glaubte Anna keine Sekunde mehr, dass es sich um natürliches Wasser aus einer Quelle handelte! Bei der Erinnerung, wie Jakob die Hand hineingetaucht hatte, um einen Scherz zu machen, bekam sie Herzrasen.

Ob diese Kanalisation sich womöglich unter dem Quellhäuschen befand? Immerhin war sie ein ganzes Stück durch den Gang marschiert. Sie versuchte, sich die Richtungen vorzustellen, kam jedoch zu keinem Ergebnis; ihr Orientierungssinn versagte hier unten völlig.

Es war schon möglich, aber wenn, dann lag das Quellhäuschen etliche Meter höher, denn der Weg durch den Wald führte stets bergan.
Je länger sie in die blaue Flüssigkeit sah, umso mehr steigerte sich ihre Übelkeit, es stülpte ihr förmlich den Magen um. Mit der Hand vor dem Mund stürzte sie zurück in den großen Vorraum und warf die Tür ins Schloss. Sie wusste ja den Code und konnte sie jederzeit wieder öffnen.
Sofort fühlte sie sich nicht mehr so elend. Sie atmete tief durch, lehnte sich gegen die Wand und spürte den kühlen Stein im Rücken.
Was hatte sie da eben gesehen? Was in aller Welt ging hier vor sich?
Was war das für ein … Versuchsaufbau? Ein bizarres wissenschaftliches Experiment? Aber was sie da sah, ließ sich selbst mit dem Wissen aus ihrer Gegenwart nicht erklären, so viel war Anna klar. Ihr Herz krampfte sich zusammen, als ihr ein Gedanke kam, über den sie vor Kurzem – vor diesem Irrsinn – noch milde gelächelt hätte. War der Mann im Ledermantel … ein Außerirdischer? War all das – dieser Raum, das Licht, die angebliche Quelle, die Zeitschleife, das bizarre Papier – Ergebnis von Technologie, die nicht von der Erde stammte?
Sie wankte zum Schreibtisch, auf dem sich neben dem Papier auch ein paar Ordner stapelten. Sie nahm den erstbesten zur Hand, klappte ihn auf und blätterte. Sie sah Zeitungsartikel, teils so alt, dass die Texte in altdeutscher Schrift gesetzt waren.
Anna betrachtete einen Artikel, der auf das Jahr 1877 datiert war. Ein Bild war darauf gedruckt, kein Foto, aber eine Zeichnung des Quellhäuschens. Der Text pries die Fertigstellung des Bauwerks, das vielen Gemeinden fortan Trinkwasser sichern würde.
Sie blätterte weiter zu einem Artikel aus dem Jahr 1935. Wieder ging es um das Mineralbrunnenhäuschen, vor allem darum, dass das Wasser verschmutzt sei und man vermutete, dass es zu einem Choleraausbruch geführt hatte. Zwischen den Zeilen klang jedoch durch, dass die Krankheit bislang unbekannte Symptome zeigte.
Ein dritter Zeitungsausschnitt stammte aus dem Jahr 1948 und berichtete von der endgültigen Stilllegung des Quellhäuschens, da es immer wieder Probleme mit der Wasserqualität gegeben habe. Sie blätterte eine Seite weiter und sah eine Schwarz-Weiß-Fotografie,

die das Innere des Mineralbrunnenhäuschens zeigte – ein Foto von außen durch die offene Tür. Es war keine sehr gute Aufnahme und das Papier bereits stark vergilbt, dennoch war deutlich eine nackte alte Frau zu erkennen, die in merkwürdig verrenkter Haltung auf dem Boden lag, direkt vor der Pumpe. Die Augenpartie sowie die Geschlechtsmerkmale waren mit dicken Balken versehen, wodurch die Aufnahme aber nichts von ihrem Schrecken verlor.
Anna las die Schlagzeile über dem Bild: Unbekannte Frau tot aufgefunden. Sie überflog den Bericht. Demnach handelte es sich bei der Toten um eine etwa Neunzigjährige, die von einem Wanderer in diesem Brunnenhaus gefunden worden war. Die Identität der Toten blieb ungeklärt.
Anna dachte mit Schrecken an die Leiche des ebenfalls alten Mannes zurück, die sie selbst entdeckt hatten. Sie blätterte eine Seite weiter, um herauszufinden, ob es weitere Erkenntnisse über die Tote gegeben hatte, doch es folgte nichts mehr über den Fall.
Als sie noch einmal zurückblätterte, schaffte sie es kaum, den Blick von dem entsetzlichen Foto zu lösen. Sie empfand Mitgefühl für diese arme Frau, die bestimmt ebenfalls in diesen Zeitwahnsinn geraten war. Ob der Mann im Ledermantel sie ermordet und irgendwie zurückgeschickt hatte, raus aus der Zeitschleife, in den normalen Zeitablauf, sodass die Leiche hatte gefunden werden können?
Anna wollte gerade weiterblättern, um den Anblick des Fotos nicht länger ertragen zu müssen, als ihr Blick zum ersten Mal auf das Datum fiel. Irritiert kniff sie die Augen zusammen. Doch die Zahlen veränderten sich nicht. Schwarz auf weiß stand das Datum der Ausgabe am rechten Rand der Seite: 16. September 1984.
Wie war das möglich? Sie befand sich in der Zeitschleife im Jahr 1952! Wie konnte es also sein, dass sie einen Zeitungsartikel in den Händen hielt, der von ihrem gegenwärtigen Zeitpunkt zweiunddreißig Jahre in der Zukunft lag?
Sie blätterte hastig weiter, und was sie dann sah, verschlug ihr erst recht die Sprache. Ein Artikel über einen weiteren Leichenfund – im Jahr 2043! In der Zukunft. In der verdammten Zukunft, sogar von Annas Gegenwart aus gesehen!

Anna war so sehr in ihre schwirrenden Gedanken vertieft, dass sie überhaupt nicht mitbekam, wie sich ein Schatten in den Schein der Petroleumlampe schob. Und als es ihr endlich auffiel, war es zu spät.

»Ich sagte doch, dass ich dich erwischen werde. Ich hätte nur nicht gedacht, dass du es bis hierhin schaffst.«

Anna reagierte wie ferngesteuert. Mit zitternden Fingern riss sie den Artikel aus der Zukunft heraus und warf gleichzeitig einen Blick zur Tür. Könnte sie sie erreichen, wenn sie an dem Typen vorbeihechtete? Die Chance war gering. Der Fremde kam nicht näher. Er blieb vor dem schweren Tisch stehen, Anna gegenüber.

Sie wendete den Kopf und gab sich Mühe, ihm in die Augen zu blicken, in diese jungen, alten Augen. »Was wollen Sie von mir? Und was ist …«, sie machte eine Handbewegung durch den Raum, »… all das hier?«

Er ließ sich Zeit mit einer Antwort, musterte sie interessiert – wie ein Kater, der noch nicht entschieden hatte, wie er das Todesspiel mit der Maus am liebsten gestalten wollte.

»Scheiße, was TUN Sie hier?«, brüllte Anna.

Der Fremde lachte. »Dass du bis hierher vorgedrungen bist – wirklich erstaunlich! Ich glaube, vor Kurzem wurde ich beobachtet, wie ich in die Kanalisation eingestiegen bin … aber noch nie war jemand unten. Warst du es? Hast du mich beobachtet, ja?«

Galina, dachte Anna, antwortete ihm aber ebenso wenig wie er ihr. Sie deutete auf die Tür. »Was ist diese Lichtsäule?«

»Du hast sie gesehen?«

»Was ist es?«

»Einfach alles«, sagte der Fremde. »Es ist einfach alles!« Langsam breitete er die Arme aus. »Der Ursprung. Der Beginn und die ultimative Lösung.«

»Ich … ich verstehe das nicht.« Annas Stimme war nur noch ein Krächzen.

Er schien nicht vorzuhaben, es ihr zu erklären. »Einfach alles«, wiederholte er in verzücktem Tonfall.

Anna tippte auf den Ordner. »1984«, sagte sie. »2043. Wie kann das sein?«

Ihr Gegner winkte ab. »Das sind nur Jahreszahlen.«

»Aber sie liegen in der Zukunft.«

»Und? Zeit ist relativ. Das solltest du doch mittlerweile wissen.«

»Wer sind Sie?«

Langsam umrundete er nun den Tisch, kam auf sie zu, ohne sie aus den Augen zu lassen. »Ich bin der Chronist der Zeit.« Er schnippte mit den Fingern. »Und bald vollende ich mein Werk und werde der Beherrscher der Zeit sein.«

Mehr denn je beschlich Anna das Gefühl, einem Wahnsinnigen gegenüberzustehen. Sie wich zurück.

»Und nun kannst du etwas beitragen. Der Zeitstrom ist hungrig.«

»Töten Sie deswegen, ja? Wegen … des Zeitstroms?«

»Aber natürlich.« Er sagte es mit einer solchen Selbstverständlichkeit, als erkläre er einem kleinen Kind, dass man trinken müsse, wenn man nicht verdursten wolle.

Anna versuchte, ihn hinzuhalten. Solange er redete, gab es eine Chance, ihn abzulenken. Und irgendwie an ihm vorbeizukommen. »Von wo stammen Sie?«

»Du stellst die falschen Fragen. Sie kann doch nicht lauten, woher ich komme. Sondern von wann.«

Mit einem Mal begriff sie. Natürlich war er kein Außerirdischer. »Sie sind ein Zeitreisender! Und das Ding dort ist eine Zeitmaschine.«

»Oh, so schlau! So nah dran! Aber ganz so einfach ist es leider nicht. Ja, ich komme aus der Zukunft, aber eine Zeitmaschine, die nicht den Irrungen und Willkürlichkeiten des Zeitstroms unterworfen ist … das hat niemand je vollbracht. Bis jetzt! Ich bin auf dem besten Weg, aus der Zeitanomalie hinter dieser Tür eine echte Zeitmaschine zu machen. Sobald ich sie kontrollieren kann. Sobald ich sie gezielt programmieren kann! Und bis dahin muss ich sie versorgen, sie füttern, damit sie sich nicht auflöst, wie es der natürliche Lauf der Dinge wäre.«

»Womit?«

»Ja, womit füttert man wohl eine künftige Zeitmaschine?«, fragte er belustigt. »Mit Zeit natürlich. Und du scheinst mir jede Menge davon zu haben. Also los, komm mit!«

»Was? Wohin?«

»Ins Quellhäuschen. Der Strom hat Hunger, und auch wenn er hier entspringt, lässt er sich dort oben …«, er deutete unbestimmt in Richtung Decke,

»... besser füttern.« Also befanden sie sich tatsächlich unterhalb des Quellhäuschens. »Wolltest du nicht sowieso dorthin? Zu deinem Bruder? Vielleicht ist noch etwas von seiner Zeit übrig, ich weiß es nicht. Wenn nicht, nun, dann muss ich ihn entsorgen. Eine lästige Aufgabe, an die ich mich aber gewöhnt habe.« Beiläufig deutete er auf die Aktenordner.

Anna wich weiter zurück. Die Toten – sie mussten seine »Zeitopfer« gewesen sein.

»Willst du nicht endlich deinen Bruder wiedersehen? Er hat mir gesagt, dass du seine Zwillingsschwester bist. Und glaub mir, er leistet äußerst wertvolle Dienste – er füttert und füttert und füttert ...«

Annas Hände waren eiskalt. Gleichzeitig ballte sich heiße, unbändige Wut in ihrem Bauch zusammen.

Der Mann nickte ihr zu. »Und jetzt wehr dich nicht länger, du entkommst mir doch nicht. Es gibt nur diesen Ort, an den du wieder und wieder zurückkehren wirst. Du kannst dich verstecken, aber früher oder später finde ich dich. Und dann bist du mit deinem Bruder vereint. Im Strom der Zeit. Weil mir niemand entkommt.«

»Außer Galina«, fauchte Anna. »Sie hat sich Ihnen entzogen!« Indem sie sich umgebracht hatte. Jetzt, nachdem sie all das hier unten gesehen hatte, verstand Anna es. Alles war besser, als diesem Irren zu dienen. Sogar der Tod.

»Galina«, wiederholte ihr Feind abschätzig. »Ich habe sie lange nicht durchschaut, sie hat mir vorgespielt, sie wäre wie alle anderen und wüsste nichts von der Zeitschleife. Wieder und wieder ist sie zu ihrem Auftritt gegangen und ...« Er brach ab und schob den Stuhl vor dem Schreibtisch so heftig zur Seite, dass er umkippte und laut scheppernd auf den Steinboden knallte.

Anna nutzte den Augenblick und rannte los. Sie lief auf die Regalwand zu, schwenkte die Lampe über die Fächer, auf der Suche nach etwas, mit dem sie sich zur Wehr setzen konnte. Aber sie fand nichts, das sich als Waffe eignete.

Ihr Feind sprang auf sie zu. Anna wirbelte zur Seite, sodass seine Hüfte gegen den Tisch stieß. Ein wüster Schmerzensschrei entfuhr ihm. Blindlings raffte Anna alles, was sie in die Finger bekam, aus dem Regal und schleuderte es auf ihn.

Er hob die Hände, um sein Gesicht zu schützen.

Anna schrie wie eine Furie, brüllte sich all die Wut und Angst von der Seele. Sie fühlte sich wie ein wildes, in die Enge getriebenes Tier. Etwas traf ihn am Kopf. Er taumelte zurück. Jetzt schleuderte sie ihm auch die Petroleumlampe entgegen, deren Glas zersprang. Das flüssige Feuer ergoss sich über seinen Mantel.

Die Flammen züngelten hoch und nur Sekunden später stand er lichterloh in Flammen. Eine Feuerlohe leckte ihm übers Kinn. Er brüllte und streifte sich den brennenden Mantel vom Leib.

Anna stürzte an ihm vorbei, doch er bekam sie an der Schulter zu fassen. Sie versuchte sich loszureißen – und sah, dass sein Arm brannte! Das hielt ihn jedoch nicht ab. Mit aller Kraft wirbelte sie herum und konnte sich befreien. Er warf sich hin, um die Flammen auf seinem Leib zu ersticken. Anna rannte in schierem Entsetzen gegen den Schreibtischstuhl, fiel und knallte mit den Knien voran auf den Boden. Der Schmerz machte sie für einen Moment benommen, doch sie durfte nicht liegen bleiben. Auf allen vieren kroch sie weiter in Richtung Ausgang – bis ein schraubstockartiger Griff sie am rechten Fußgelenk packte.

Er riss sie zurück.

Anna versuchte, ihm mit dem freien Fuß einen Tritt zu verpassen, doch sie erwischte ihn nicht. Dann packte er auch ihr anderes Bein. Sie schrie und strampelte, während ihr Gegner sie unerbittlich zu sich zog und sich dann mit seinem ganzen Gewicht auf sie rollte. Er stank nach verschmortem Fleisch. In seinem Haar glommen Funken.

Anna holte mit dem Ellbogen aus und traf mit voller Wucht etwas Hartes. Es tat weh, ihr und ihm wohl noch mehr, denn er ächzte, fiel zur Seite und krümmte sich.

Anna rollte sich über den Boden, bis sie einen Widerstand spürte. Sie richtete sich auf und starrte direkt auf die Tür in das hintere Zimmer. In den Türschlitzen glühte buntes Licht, fraß sich hindurch, waberte in bizarren Formationen durch den Raum, bildete Gespinste, die auf Anna zuschossen und sie umfingen.

Etwas zog an ihr, riss sie nach vorn, sie hörte die Melodie, woher auch immer sie diesmal kam, den Paukenschlag …

Sie kam mit Schmerzen und rasendem Puls zu sich.

Erst das laute Wiehern ließ sie wieder klar sehen und gerade im rechten Moment rappelte sie sich auf, um nicht von einem der beiden Pferde niedergetrampelt zu werden. Den Mann, der sie am Zügel führte und seinen üblichen Spruch aufsagen wollte, brachte sie mit einer ruppigen Handbewegung zum Schweigen.

Anna hatte nur noch ein Ziel vor Augen, und nichts würde sie aufhalten. Ihr Feind befand sich in seinem Versteck in der Kanalisation, und wenn sie es richtig verstanden hatte, war er selbst dem Ablauf der Zeitschleifen nicht unterworfen. Vielleicht war er so geschwächt, dass er nicht rasch würde reagieren können. Das verschaffte ihr das, was ihn so faszinierte: Zeit!
Ungeachtet aller Zirkusbesucher stürmte sie los, rempelte Menschen beiseite, sprang über Zäune, bis sie den schmalen Waldweg erreichte, der sich den steilen Hang hinaufschlängelte. Adrenalin und der pure Überlebensinstinkt verliehen ihrem Körper ungeahnte Kräfte. Anna rannte ohne Pause, ignorierte ihre brennenden Lungen und die schmerzenden Muskeln der Oberschenkel. In brütender Hitze erreichte sie schließlich die Lichtung. Durch die Äste erblickte sie das Quellhäuschen, dessen Eisenornamente im Licht der untergehenden Sonne glänzten. Es stand vollendet in seiner schlichten Schönheit da, nicht erst im Aufbau und auch noch nicht verfallen, scheinbar völlig harmlos.
Vögel zwitscherten, beschwerten sich wohl über ihre Anwesenheit und den Lärm ihrer hastigen Schritte. Anna hielt unbeirrt auf das Steinhäuschen zu. Lediglich das Dach hatte ein wenig Moos angesetzt. Die verzierte Tür saß fest in den Angeln. Sie wurde umrahmt von einem Geflecht aus eisernen Blütenranken, das auch die gesamte Fassade bedeckte. War es schon immer dagewesen, derart umfassend? Sie wusste es nicht. Es interessierte sie auch nicht.
»Jakob, ich hol dich raus!«
Nur das Rascheln der Blätter im Sommerwind und das Gezwitscher der Vögel antworteten ihr. Wild hämmerte sie gegen das Metall.
»Hörst du mich?«
Sie legte ihr Ohr an die Tür und zuckte zurück, denn das Metall hatte sich in der Sonne stark aufgeheizt. Aber sie hörte etwas, ein dumpfes Wummern, wie sie es aus dem unterirdischen Raum kannte. Dann eine kraftlose Stimme:
»Anna? Hilf mir. Ich … kann nicht …«
»Ich hol dich raus!« Während sie die Worte sprach, begriff sie ihren großen Denkfehler. Sie hatte kein Werkzeug dabei, mit dem sie die Tür aufstemmen könnte. Die Spitzhacke war verschwunden – natürlich, sie lag wieder an ihrem angestammten Platz im Zirkus.
Anna musste eine Lösung finden, und sie wusste, dass ihr nicht viel Zeit blieb.

Hätte sie doch nur einen Schlüssel! Bei diesem Gedanken fiel ihr auf, dass es überhaupt kein Schloss gab. Aber wie konnte die Tür dann verschlossen sein? Sie bemerkte noch etwas anderes. Kräuselte sich nicht die Oberfläche der Ornamente leicht, als wären sie … flüssig?
Vorsichtig tippte sie eine der aus Eisen geflochtenen Ranken mit dem Finger an – und tauchte in das Material ein, das vor ihr zurückzuweichen schien. Die Form änderte sich, es bildete sich ein neues Muster.
Anna berührte die Fläche erneut, die sich unter ihren Fingerkuppen anfühlte wie ein warmer Luftzug. Das Muster zog sich auseinander.
Sie wunderte sich zwar, aber sie wich nicht zurück, stellte nicht ihren Verstand infrage, fürchtete sich nicht. Nicht nach allem, was sie bereits erlebt hatte. Sie war in der Lage, die verrücktesten Dinge zu akzeptieren, fragte sich nur, wie sie sie zu ihrem Vorteil nutzen konnte.
Angestachelt von ihrer Entdeckung wischte sie mit beiden Händen über die gesamte Fläche und sah fasziniert zu, wie sich die Ornamente zu einem neuen labyrinthischen Muster zusammensetzten. Nur der Schriftzug oberhalb der Tür blieb gleich – Tempus fugit. Auf der Tür erschien ein Gitternetz, eine Art Tabelle. Symbole tauchten auf, Buchstaben einer fremdartigen Schrift, die sie an Runen erinnerten.
Vorsichtig berührte sie die Fläche, die genauso wie das mysteriöse Papier reagierte, das sie im geheimnisvollen Raum in der Kanalisation gefunden hatte: Die einzelnen Kästen verfärbten sich, nahmen bunte Farben an, und sobald sie erneut darüberfuhr, verblassten sie wieder.
»Tempus fugit«, murmelte sie gedankenverloren. »Die Zeit flieht.« Dieses Zitat stand nicht nur über der Tür – sondern auch in den Seiten von Galinas Tagebuch, die sie herausgerissen hatte und immer noch bei sich trug. Ähnelten die seltsamen Schriftzeichen darauf nicht den Symbolen, die nun auf der Tür erschienen waren? Oder waren es sogar dieselben?
Hastig kramte Anna die herausgerissenen Tagebuchseiten aus der Tasche ihres Kleides. Das Gedicht … die Kästen mit den Runentabellen … nun würde sich zeigen, welche Botschaft Galina darin für Anna verschlüsselt hatte!

Löse nun das Rätsel, genau wie Anna. Sie kann damit die Tür öffnen, du erfährst die **Seitenzahl**, auf der du weiterlesen kannst.

10.

84

»Galina! Nein!« Anna kam mit dem Schrei auf den Lippen zu sich – und erntete einen äußerst irritierten Blick des Mannes, der die Pferde führte und sie gerade noch davon abhalten konnte, mit den Hufen auf Anna zu trampeln.

Sie spürte Feuchtigkeit auf ihrem Gesicht. Waren das Tränen? Sie rappelte sich auf, obwohl sie am liebsten liegen geblieben wäre. Sie hatte mit ansehen müssen, wie Galina sich das Leben genommen hatte, vor den Augen aller Zuschauer.

Galina hatte aufgegeben.

Es gibt keinen anderen Weg.

Anna fühlte sich vollkommen leer, ein dumpfer Druck lastete auf ihrer Brust. Erschöpft schleppte sie sich voran. Der innere Schmerz und die Verzweiflung wollten sie schier auffressen. Es war zu viel für sie. Vielleicht sollte sie denselben Weg wählen wie Galina – die letzte und einzige Möglichkeit, um dieser endlosen Schleife zu entfliehen.

Aber was, wenn … Anna blieb abrupt stehen. Jemand stolperte gegen sie, ein Hut fiel zu Boden, wurde schimpfend aufgerafft.

Anna reagierte nicht. Starr blickte sie vor sich hin. Was, wenn Galina der Zeitschleife auch mit ihrem Tod nicht entkommen konnte? Wenn sie noch – wieder – lebte?

Sie rannte zu Galinas Zirkuswagen. Dieses Mal war die Tür nicht verschlossen. »Galina? Bist du da?«

Keine Antwort. Wie auch, dachte sie. Tot ist schließlich tot. Ihre Hoffnung war lächerlich gewesen! Sie trat ein, schloss die Tür hinter sich und ließ sich auf das gemachte Bett fallen.

Beim Anblick von Galinas Sachen wurde der Druck auf ihrer Brust stärker, in ihrem Magen breitete sich ein flaues Gefühl aus. Sie stützte die Ellbogen auf den Knien ab und vergrub ihr Gesicht in den Händen. Sie hätte noch so vieles mit Galina zu besprechen gehabt, doch immer hatte ihnen die Zeit einen Strich durch die Rechnung gemacht.

Und jetzt? Sollte sie zum Quellhäuschen, um Jakob zu retten? Aber dort lauerte zweifellos ihr Feind mit dem Ledermantel. Es war zum Verrücktwerden.

Bald würden sicher die anderen Artisten kommen und nach Galina suchen – schließlich war sie die Hauptattraktion der Vorstellung. Wenn Anna hierblieb, brachte sie sich in Gefahr.
Sie wollte gerade gehen, als sie das Tagebuch auf der Kommode sah. Es war aufgeschlagen. Daneben lag ein Füllfederhalter, dessen Kappe nicht zugedreht war. Das sah Galina überhaupt nicht ähnlich. Zuletzt hatte Anna das Tagebuch im Tresor aufgefunden – es so achtlos auf der Kommode liegen zu sehen, machte sie stutzig.
Zuallererst fiel ihr der Pfeil ins Auge, den Galina neben das PS des aufgeschlagenen Eintrags gemalt hatte: »Du wirst das hier brauchen!« Der Pfeil zeigte direkt auf eine Petroleumlampe neben dem Tagebuch, die auf der Schminkkommode irgendwie deplatziert wirkte. Der Glaszylinder befand sich in einem Metallgehäuse, oben war ein Henkel zum Tragen befestigt. Vor der Lampe lag zudem eine Packung Streichhölzer.
Dann begriff Anna, dass sie auf eine der Seiten blickte, die herausgerissen gewesen waren, als sie das Tagebuch zum ersten Mal aus dem Tresor geholt hatte – und die später wieder vorhanden waren, aber leer.
Draußen rief jemand Galinas Namen.
Ohne nachzudenken, riss sie die Seiten mit den letzten Einträgen aus dem Tagebuch und versteckte sie in ihrem Kleid. Hastig blickte sie sich um. Es widerstrebte ihr, das Tagebuch offen und damit für jedermann lesbar zurückzulassen. Sie verschloss es im Tresor unterhalb des Nachttisches und schnappte sich die Petroleumlampe mitsamt den Streichhölzern.
Nun war es so wie damals, als sie zum ersten Mal in den Wagen gekommen war. Und mit einem Mal wurde ihr klar: Ich war es. ICH habe die Seiten herausgerissen und das Buch in den Tresor gelegt …
Jemand klopfte an die Tür. Jetzt blieb ihr nur die Flucht aus dem Fenster. Sie hob die Gardinen an, spähte hinaus. Die Luft war rein. Also drückte sie das Fenster auf und schob sich mit den Beinen voraus nach draußen.
»Galina?«, rief es von der Tür aus. »Bist du da?«
Anna landete mit einem Sprung im Gras. Sie stieg über eine Umzäunung und versteckte sich hinter einem der anderen Wagen. Dann nahm sie die herausgerissenen Blätter und las. Galina hatte es für sie geschrieben – Anna las ihren Namen in der ersten Zeile.

SCHNEIDE DIE NÄCHSTEN SEITEN HERAUS

UND NIMM SIE AUF DEINER WEITEREN REISE MIT.

Liebe Anna,

es tut mir leid, daß ich dich allein lassen muß. Aber es gab keinen anderen Weg. Seit ich dich gerettet habe, weiß er, wer ich bin. Ich bin nicht mehr sicher vor ihm. Er jagt uns beide. Und die Zeit vor jedem Neustart läuft schneller und schneller ab. Ich glaube, du und dein Bruder, ihr habt irgendwie alles durcheinandergebracht. Oder beschleunigt. Darum muß ich nun handeln.

Ich habe einiges herausgefunden. Das meiste wirst du nicht verstehen, und das ist kein Wunder. Ich verstehe es ja selbst kaum.

Ich habe ihn beobachtet, doch mich hat er nicht bemerkt. Er schien auf der Suche nach etwas oder nach jemandem zu sein. Vielleicht suchte er deinen Bruder, denn nicht nur ich hatte ihn kurz gesehen. Auch er.

Der mysteriöse Fremde und das Quellhäuschen, sie stehen in Verbindung zueinander, das weiß ich nun. Ich war noch einmal dort, Anna, und ich bin mir sicher, daß sie der Schlüssel zu allem sind.

Vielleicht gibt es noch Hoffnung, ich bete für dich.

Wenigstens konnte ich etwas herausfinden, das dir womöglich helfen wird. Ich habe gesehen, wo der Fremde herkommt. Nur du darfst es wissen, niemand sonst. Darum habe ich es verschlüsselt. Du schaffst das, ich weiß es. Gehe dorthin, vielleicht wirst du an diesem Ort Antworten finden.

Deine Galina

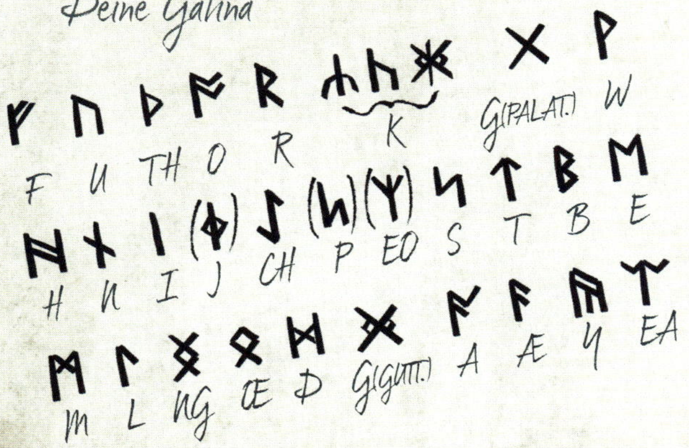

PS: Du wirst die hier brauchen!

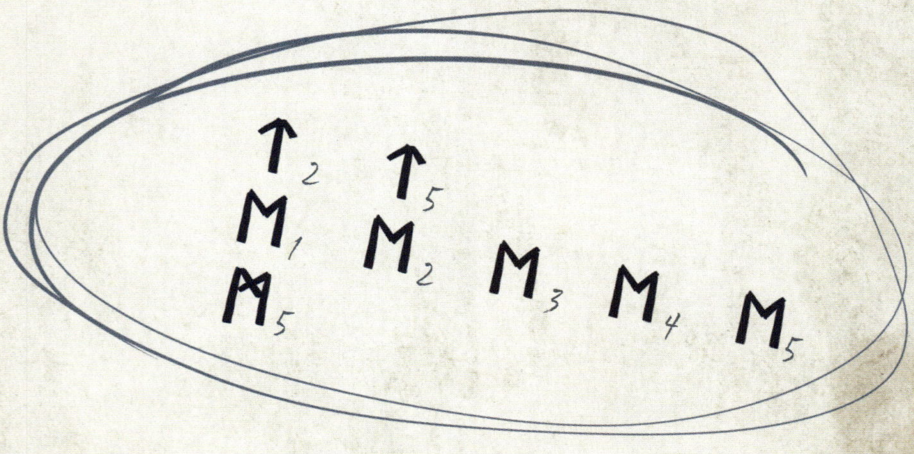
ᛏ2 ᛏ5
ᛗ1 ᛗ2 ᛗ3 ᛗ4 ᛗ5
ᛗ5

Der Chronist der Zeit

Die Jahre sind gezählt,
die Seele hat es eilig.
Wenn die Sehnsucht quält,
ist nichts mehr heilig.
DIE ZEIT FLIEHT.
Nichts wird bleiben.
Nur der Sehende
wird ewig schreiben.

Anna las die drei herausgerissenen Seiten wieder und wieder … und wurde nicht schlau daraus. Der Brief an sie auf der ersten Seite, ein eigenartiges Gedicht auf der zweiten Seite und ein Lageplan oder eine Karte auf der dritten, auf Vorder- und Rückseite bemalt. Außerdem gemalte Kästchen mit einer Art Keilschrift oder Runen und Zahlen.
Die Karte sollte sie zweifellos zu dem gesuchten Ort führen, aber wie war darin der Hinweis verschlüsselt, der sie zum Ziel brachte?

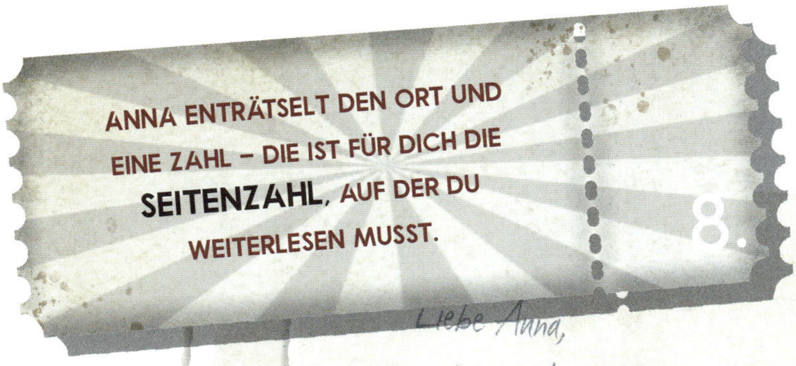

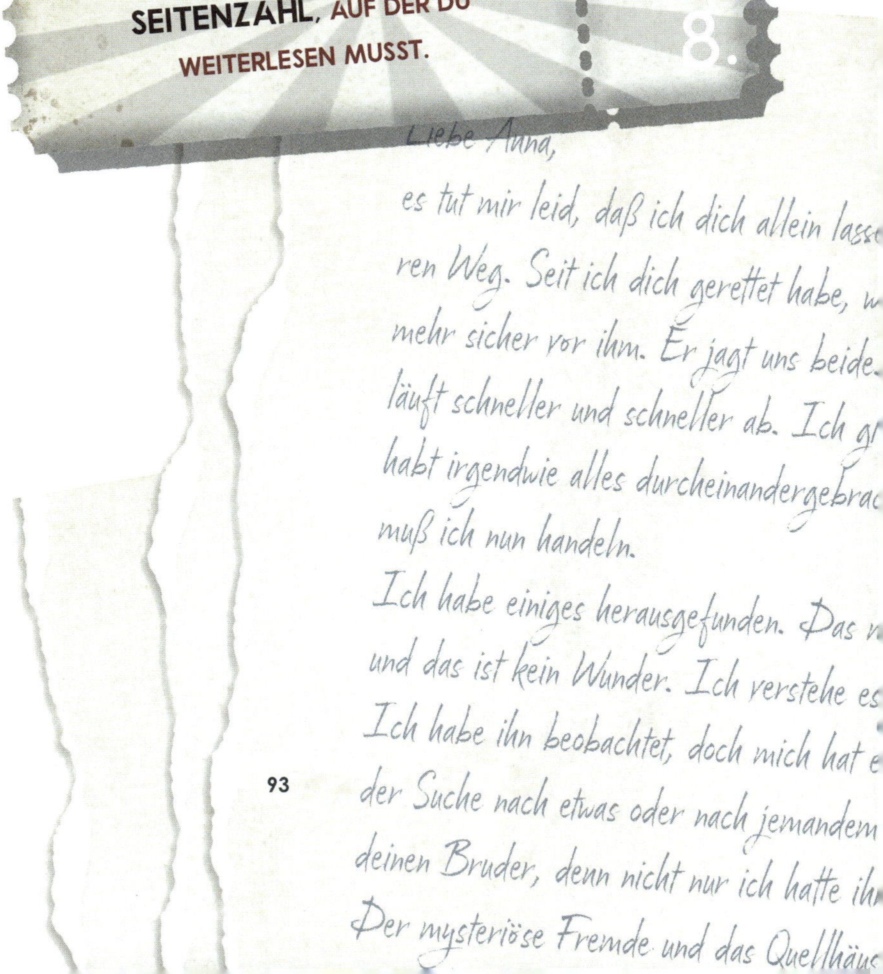
Liebe Anna,
es tut mir leid, daß ich dich allein lass
ren Weg. Seit ich dich gerettet habe, w
mehr sicher vor ihm. Er jagt uns beide.
läuft schneller und schneller ab. Ich gl
habt irgendwie alles durcheinandergebrac
muß ich nun handeln.
Ich habe einiges herausgefunden. Das n
und das ist kein Wunder. Ich verstehe es
Ich habe ihn beobachtet, doch mich hat e
der Suche nach etwas oder nach jemandem
deinen Bruder, denn nicht nur ich hatte ih
Der mysteriöse Fremde und das Quellhäu

94

»Ich finde das überhaupt nicht mehr lustig!« Romy verschränkte die Arme vor der Brust und sah Ben vorwurfsvoll an, der gerade aus einem der Zirkuswagen trat und eine verstaubte Dressurpeitsche knallen ließ. Dabei warf er ihr einen zweideutigen Blick zu, den Romy mit einem Augenrollen quittierte.
»Jakob und Anna sind verschwunden und du denkst an Sadomasospielchen?«
»Reg dich ab!« Ben warf die Peitsche zurück in den Wagen. »Ich verstehe genauso wenig wie du, wo die beiden abgeblieben sind. Aber das ist noch lange kein Grund, dass wir uns die Laune verderben lassen.«
»Laune?« Romy ließ zischend die Luft aus dem Mund entweichen. »Wir haben einen Toten im Wald gefunden, Ben, und jetzt sind unsere Freunde weg! Was hat das bitte mit Laune zu tun?!« Ihre Stimme wurde schrill. »Der ganze Ort ist beschissen gruselig. Wir müssen weg von hier!«
»Aber nicht ohne die beiden.« Ben legte den Arm um sie und drückte sie an sich. »Wir suchen sie, und wenn wir sie gefunden haben, verschwinden wir, versprochen.« Er seufzte leise. »So richtig wohl ist mir an diesem Ort nämlich auch nicht.«
Das war untertrieben. Irgendetwas stimmte hier nicht. Er kannte Anna und Jakob schon ewig. Es sah ihnen gar nicht ähnlich, anderen einen derart geschmacklosen Streich zu spielen. Er konnte sich keinen Reim auf das Verschwinden der beiden machen. Waren sie irgendwo eingesperrt worden? In einem der Wagen? Aber Romy und er hatten doch längst überall nachgesehen! Nirgends gab es eine Spur.
Hinter ihnen ragte das Riesenrad auf. Davor standen weitere heruntergekommene Fahrgeschäfte. Eine Schiffschaukel und ein Pferdekarussell, dessen verwitterte Tiere an Stangen befestigt waren. Ben stellte sich vor, wie sie sich bei der Fahrt auf- und abbewegten, als würden sie über eine Weide galoppieren. Sie schienen aus Holz zu sein, detailreich geschnitzt. Kurz bildete er sich ein, die Musik des Fahrgeschäfts zu hören, das heitere Lachen von Kindern.
Romy blieb davor stehen. »Das ist wirklich schön.«
»Ja. Ich verstehe nur nicht, wie man so einen Schatz einfach über Jahrzehnte verrotten lassen kann.«

»Hat was von Tschernobyl«, sagte Romy trocken. »Da gibt es doch auch Bilder von Fahrgeschäften eines verlassenen Jahrmarktes.«
Ben erinnerte sich an die Aufnahme. Ein maroder Autoscooter und ein Riesenrad, das diesem auf unheimliche Art ähnelte. Er nickte langsam. Die Atmosphäre ließ sich tatsächlich vergleichen. Er bildete sich ein, einen metallenen Geruch wahrzunehmen. Laut der Doku, die er erst neulich gesehen hatte, war das ein Anzeichen für eine radioaktive Belastung – so hatten es zumindest Tschernobyl-Opfer berichtet. Oder war er nur schon leicht paranoid? »Riechst du etwas?«
»Du meinst, außer deinem testosterongeschwängerten Schweiß? Nö.«
Ben lachte nervös auf. Vermutlich spielte ihm sein Hirn einen Streich. »Du hast nicht zufällig einen Geigerzähler eingepackt?«, fragte er, um die Situation aufzulockern.
Romy grinste schwach. »Ich wusste, dass ich etwas vergessen habe. Dabei braucht man den doch s-t-ä-n-d-i-g. Aber mal im Ernst. Ja, wir sind auf ehemaligem DDR-Gebiet. Vielleicht sind hier militärische Tests durchgeführt worden.«
Ben sah sie stirnrunzelnd an. »In einem Zirkus?«
»Keine Ahnung – ein Unfall? Womöglich gab es in der Nähe ein Testgebiet und alles musste schleunigst evakuiert werden.«
»Davon hätte man doch irgendwie Wind bekommen. Das hätten die nicht die ganzen Jahre über vertuschen können.«
»Schau mal, Ben … die Kutsche.«
Er folgte ihrem Blick und entdeckte hinter einem weißen, hölzernen Pferdegespann eine offene Kutsche, die mit Lampen und Girlanden dekoriert war, als wäre sie aus einem Disney-Streifen entsprungen. Sie schien bereit für die nächste Fahrt, die es nie mehr geben würde. »Die ist schön, ja.«
»Das meine ich nicht! Da sitzt jemand.«
Er sah genauer hin. Auf der hinteren Bank, die halb von der Mittelsäule verdeckt war, erkannte er eine Silhouette. »Scheiße, wer ist das?«
»Fragen wir ihn.« Sie rief: »Hallo? Sie da?«
Neben ihnen flatterten Vögel aus einem Busch. Die Person in der Kutsche aber bewegte sich nicht. Schließlich wurde es Ben zu bunt. Er stieg auf das Karussell, quetschte sich durch die Pferde an ihren Stangen.

Der Mann blieb reglos, mit dem Rücken zu Ben. »He, Kumpel.« Ben streckte den Arm aus, fasste nach der Schulter des Fremden. Er hatte langes, rötlich graues Haar. »Alles in Ordnung mit dir?« Er zuckte vor Schreck zurück, als die Gestalt einfach zur Seite kippte.

Romy schrie auf. »Er ist tot!«

Bens Magen verkrampfte sich. Trotzdem beugte er sich in die Kutsche und starrte auf die Leiche. Er war kein Mediziner, aber selbst ihm war klar, dass dieser Mann schon eine halbe Ewigkeit tot sein musste.

Das Gesicht war komplett vertrocknet und eingefallen, die Augenhöhlen waren ein schwarzes Nichts.

»Wie eine Mumie«, hörte er Romys Stimme leise hinter sich.

Bens Blick fiel auf den rechten Arm des Toten. Er trug ein kariertes Hemd, das einen langen Riss am Ärmel aufwies.

»Was tust du da?«, schrie Romy entsetzt, als er den Arm des Toten anhob.

»Hast du schon einmal eine Mumie gesehen«, fragte er, »die eine topmoderne Smartwatch trägt?«

UM ZU ERFAHREN, WIE ES BEI ANNA WEITERGEHT, GEHE ZU **SEITE 16.**

98

Zielsicher hielt Anna auf den Schminktisch zu und betrachtete die drei Spielkarten, die am Rand des Spiegels klemmten. Etwas daran kam ihr seltsam vor. Zum einen hatte sie noch nie von einer normalen Spielkarte mit dem Wert „1“ gehört, zum anderen irritierten sie die Symbole auf der Karte.
»Eins, zwei und drei?«, hörte sie Romy dicht hinter sich. »Das wäre zu einfach, oder?«
Anna griff nach den Karten und legte sie auf das Tischchen vor sich. »Das ist nicht die Kombination. Aber diese Karten enthalten sie bestimmt!«

100

So selbstsicher, wie es ihre Gefühlswelt zuließ, trat Anna erneut vor den Mann, der nach wie vor die Arme verschränkt hielt. Ob er das auch tat, wenn er nicht Wache stand?

»Was denn noch, Schätzchen?«, brummte er.

Anna sah ihm fest in die Augen. »Salto mortale.«

Er musterte sie mit regloser Miene. Anna wurde zunehmend nervös. Sie warf vorsichtige Blicke rundum – und ihr Herz setzte einen Schlag aus, als sie nicht weit entfernt den Fremden im braunen Mantel sah. Er wandte ihr den Rücken zu. Noch.

Endlich nickte der Mann, trat zur Seite und scheuchte sie mit einer Hand an sich vorbei. »Warum nicht gleich so? Viel Spaß bei der Vorstellung!«

Anna hetzte in das Zelt. Sie bildete sich ein, die Blicke ihres Verfolgers zu spüren. »Bloß nicht umdrehen«, ermahnte sie sich.

Von der Manege her blendete sie grelles Licht. Ein strahlendes Weiß brannte ihr in den Augen. Aus den Mündern von Feuerspuckern loderten gierige Flammen, Jongleure ließen Bälle und Messer durch die Luft wirbeln. Peitschen knallten aus einem Käfig mitten in der Manege, wütendes Fauchen antwortete. Dazu spielte das Orchester, das auf einem Podium am Manegeneingang saß, eine schnelle, aufheizende Melodie, die alles übertönte.

Von beiden Seiten wurde Anna flankiert von Tribünen, die bis auf den letzten Platz mit Menschen gefüllt waren. Die meisten Zuschauer standen und jubelten dem Treiben in der Manege zu. Durch die Reihen stolperten Clowns in übergroßen Schuhen, die sich eine Verfolgungsjagd lieferten und aus falschen Blumen im Knopfloch alberne Wasserspritzer aufs Publikum abgaben.

Anna versuchte sich in dem Durcheinander an Eindrücken zu orientieren. Der Geruch der Zuckerwatte vermischte sich hier drinnen mit dem Odeur von Sägespänen, Tierdung und unzähligen Frauenparfüms. Sie suchte die Manege nach Galina ab. Dabei ließ sie sich von einem Clown reinlegen, der ihr erst eine Rose zeigte und sie dann mit seiner Plastikblume nassspritzte. Anna lachte verlegen mit dem jubelnden Publikum mit und entkam ihm, indem sie kurzerhand unter seinen Armen hindurchtauchte. Ihr Blick fiel auf eine achtlos weggeworfene Zeitung, deren Titelbild sie innehalten ließ. Die Schlagzeile drehte sich um die zweite Parteikonferenz der Sozialistischen Einheitspartei Deutschlands.

Sie griff nach dem Blatt, überflog den Text, las ewas von einer Sowjetisierung der Gesellschaft, von der Stärkung der Staatsmacht nach sowjetischem Vorbild.

»Sozialistische Einheitspartei Deutschlands«, murmelte sie halblaut vor sich hin. Das war … das war die SED! Die führende Partei der ehemaligen Deutschen Demokratischen Republik. Aber es gab weder die DDR noch die SED – schon lange nicht mehr! Und …

Aus der Zeit gefallen.

Ja – das war es. Aber nicht Galina, nicht all diese Leute waren aus der Zeit gefallen, sondern …

Der Clown war ihr hinterhergekommen, zupfte ein knallrotes Taschentuch aus seiner Hemdtasche und tupfte ihr damit die Wasserperlen von der Stirn. Irgendetwas schien daran schreiend komisch zu sein, weil das Publikum lauthals auflachte. Anna reagierte nicht. Ihr wurde schwindelig. Das konnte doch nicht sein. Okay, bei diesem verdammten Geocaching hatte es eine Menge Merkwürdigkeiten gegeben, aber eine Zeitreise? Das war albern.

Sie drehte die zusammengefaltete Zeitung um. Unter dem Hauptartikel ging es um die olympischen Sommerspiele in Finnland, an denen erstmals nach dem Zweiten Weltkrieg wieder ein deutsches Team teilnahm.

Aus der Zeit gefallen.

Der Boden unter ihr schien zu schwanken. Ängstlich wanderte ihr Blick zur obersten Zeile der Zeitung. »Neues Deutschland«, stand dort in gefetteten Buchstaben. »Organ des Zentralkomitees der Sozialistischen Einheitspartei Deutschlands«. Und rechts darunter das Datum:

»Berlin, Samstag, 14. Juni 1952«.

Der Tag von Galinas letztem Tagebucheintrag, bevor jemand die Seiten herausgerissen hatte. Oder vor den leeren Seiten, die sie vorhin gesehen hatte. Und natürlich waren die Seiten danach leer, weil … weil dieser Tag heute war.

Anna hielt den Atem an. Der Clown zwickte ihr zweimal in die Nase und drückte dabei auf eine Hupe. Wieder lachten die Leute schallend auf. Er sagte irgendetwas zu ihr. Sie starrte in das weiße Gesicht, in dem die Lippen knallrot und breit geschminkt waren und in dessen Zentrum eine kugelrunde Nase saß. Noch einmal warf sie einen Blick auf die Zeitung, starrte so lange das Datum an, bis die Buchstaben vor ihren Augen verschwammen und schließlich zu tanzen begannen.

Ich bin in die Vergangenheit gereist.

Erklärte das nicht alles?

Mal ganz davon abgesehen, dass es nicht sein konnte, weil es so was nicht gab … wie wahrscheinlich war, dass all das inszeniert war? Dass jemand so ein gigantisches Szenario aufbaute, um Anna – ja, was? Um sie zu verwirren? Die Szenen heimlich für eine Fernsehshow aufzuzeichnen? Samt dieses seltsamen Erwachens, bei dem sie fast von Pferdehufen zertrampelt worden war? Das war genauso lächerlich wie die Vorstellung, sie wäre wirklich durch die Zeit gereist.

Wieder wurde ihr schwindelig. Anna setzte sich hin, um nicht zu stürzen. Sie sah nach oben. An einem der tragenden Hauptmasten war eine Trapezplattform befestigt. Eine Leiter mit Stahlstreben führte bis kurz unter das Zeltdach und endete an der schmalen Plattform. An der Leiter kletterte jemand anmutig hinauf – Galina. Für einen Moment hielt sie inne, wandte sich dem Publikum zu und winkte. Ihr Blick traf den von Anna. Das Lächeln im Gesicht der jungen Artistin verrutschte.

Anna blinzelte hilflos. Ihre Kehle war wie zugeschnürt.

Es hatte sie siebzig Jahre in die Vergangenheit verschlagen.

Auch wenn sie sich noch so oft sagte, dass das unmöglich war – es war passiert. Das Atmen fiel ihr schwer, es war, als würde eine zentnerschwere Last auf ihrem Brustkorb liegen.

Der Clown beugte sich zu ihr, schnitt Grimassen und flüsterte: »Geht es Ihnen nicht gut?«

Nein, ging es ihr nicht. Aber sie brachte kein Wort heraus.

Zur Belustigung des Publikums zog sich der Clown ein nicht enden wollendes Stofftaschentuch aus dem Ärmel seiner Flickenjacke. »Hören Sie«, flüsterte er dabei weiter, »brauchen Sie Hilfe?«

Oh ja. Scheiße, ja! Sie rang nach Luft wie ein Fisch auf dem Trockenen. Sie sah zur Trapezplattform hoch, erblickte Galina, die sie traurig anstarrte und schließlich den Kopf senkte.

Anna sprang auf die Füße, stieß den Clown beiseite und hetzte zum Ausgang.

Jemand versuchte sie aufzuhalten, doch sie riss sich los und lief weiter. Sie wollte nur noch weg. Raus aus diesem bösen Traum. Galina und sogar der fremde Mann waren ihr plötzlich egal.
Anna rannte an dem Kassenhäuschen vorbei, in dem vor nicht langer Zeit – und in siebzig Jahren! – Jakob den Zirkusplan gefunden hatte.
Nur noch wenige Meter, dann würde das Zirkusgelände hinter ihr liegen. Auf einmal erschien ihr der Wald drum herum äußerst verlockend. Alles war besser als dieser Ort, musste es einfach sein. Vor ihr tauchte der Absperrzaun auf, der das Areal begrenzte.
Gleich bin ich draußen!
Ohne Vorwarnung stieß sie mit etwas zusammen, wurde nach hinten geworfen und schlug mit dem Hinterkopf auf dem Boden auf. Ein greller Schmerz durchzuckte ihr Bewusstsein.
Mühsam richtete sie sich auf und versuchte zu erkennen, mit was oder wem sie zusammengestoßen war.
Doch da war nichts.
Vor ihr befand sich der Durchgang im Zaun, dahinter die Lichtung, von der aus sie zum Zirkus gekommen waren. Sie zwang sich aufzustehen. Im Hintergrund spielte das Zirkusorchester eine vertraute Melodie, die sie jedoch nicht zuordnen konnte. Der getragene Rhythmus schwoll an, Trompeten schmetterten – alles steuerte auf den Höhepunkt zu.
Nur noch zwei Schritte trennten sie vom Ausgang.
Ein Paukenschlag ertönte. Er klang weit entfernt, legte sich über die Musik, doch statt abzuklingen, wurde er lauter, schien sich wellenartig auszubreiten und geradewegs auf sie zuzurasen. Etwas erfasste sie, zerrte an ihr, brachte sie aus dem Gleichgewicht und ließ sie taumeln.
Der Paukenschlag hallte in ihren Ohren nach. Anna wollte weitergehen, doch jeder Schritt verlangte unendliche Kraft. Wieder kam sie nicht durch den Ausgang – etwas hielt sie auf, zog sie zurück.
Mit aller Macht stemmte sie sich gegen diesen Zug – gegen etwas, das sie nicht sah, das aber allgegenwärtig war.
Es gab kein Entkommen.
Die Lichter verschwammen, Konturen zerfaserten, schwebten um sie herum. Oder war sie es, die schwebte?

Endlich wurde alles schwarz wie das dunkelste Nichts.

Anna riss die Augen auf, sog gierig die Luft ein, um ihre Lungen mit Sauerstoff zu füllen. Ihre Hände krallten sich ins Gras. Nur langsam verschwand das Gefühl des Schwebens. Sie merkte, dass sie auf dem Rücken lag. Wieder zerrte eine Übelkeit an ihr, die nicht von dieser Welt zu sein schien.
»Aus dem Weg, Mädchen! Oder willst du, dass die Pferde dich tottrampeln?«
Anna rollte sich zur Seite und starrte auf den Pferdehuf, der auf die Stelle traf, wo sie gerade noch gelegen hatte.
»Himmel, was ist denn los mit dir?«
Sie schlug die große Hand weg, die sich zu ihr ausstreckte. Flink kam sie auf die Beine.
»He, wohin denn so eilig? Ich wollte dich nicht erschrecken.«
Anna drehte sich nicht zu dem Mann um, sondern rannte los. Das hatte sie schon einmal erlebt. Das – hatte – sie – schon – einmal – erlebt! In dem Moment, als sie in die Vergangenheit versetzt worden war, als …
Sie schrie.
Sie schrie, bis ihr die Stimme versagte.
Sie rannte weiter. Die Hände auf die Knie gestützt, hielt sie erst hinter einem der Zirkuswagen inne und versuchte, zu Atem zu kommen. Vorsichtig sah sie sich um. Ihr Schädel drohte zu platzen. Sie kapierte einfach überhaupt nichts mehr. Eben war sie noch am Ausgang gewesen, kurz davor, den Zirkus zu verlassen. Dann hatte sie etwas zurückgeworfen. Sie hatte das Gelände nicht verlassen können! Zu sich gekommen aber war sie bei den Stallungen, bei dem Pferd, dessen Huf sie wieder nur knapp verfehlt hatte. Ihr Magen schien sein Inneres nach außen zu kehren. Das platschende Geräusch, mit dem ihr Erbrochenes im plattgedrückten Gras landete, verstärkte ihr Elend nur noch. Zitternd wischte sie sich mit dem Handrücken den Mund ab und stolperte hinter dem Wagen hervor.

Ziellos irrte sie über das Gelände, hoffte Antworten auf Fragen zu finden, die ihr selbst verrückt erschienen. Eine Menschentraube marschierte gut gelaunt in Richtung des großen Zelts. Die Leute schenkten ihr kaum Beachtung – nur ein paar verstohlene Männerblicke wanderten zu ihren nackten Beinen. Kein Wunder. 1952 trugen Frauen keine knapp sitzenden Shorts. Allmählich sah sie wieder klarer. Die Luft und die Bewegung taten ihr gut, beides drängte die Schmerzen in ihrem Kopf zurück und beruhigte den Magen. Ihr kam die Zeitung in den Sinn. Das aufgedruckte Datum.
Okay, wenn sie die Zeitreise akzeptierte – was dann? Sie versuchte, ihre Umgebung mit anderen Augen zu sehen. Sie beobachtete alles ganz genau, betrachtete die Menschen und deren Kleidung. Niemand hielt ein Smartphone ans Ohr oder scrollte auf dem Display. Sie blickte über das Riesenrad hinweg und suchte den Himmel nach Kondensstreifen ab. Aber sie fand keine. Merkwürdig, immerhin lag der Berliner Flughafen in relativer Nähe. Es war, als würde sie sich einen alten Film anschauen. Aber es fühlte sich unfassbar echt an. »Weil es das auch ist«, sagte sie leise zu sich selbst. Das war keine Inszenierung. Sondern Realität. Ob ihr das gefiel oder nicht.
Sie betrat den Hauptweg, wollte wieder in der Masse der Menschen untertauchen, als sie eine hochgewachsene Gestalt erblickte. Ihr Verfolger! Das Gesicht, das zur Hälfte von dem hohen Kragen des Ledermantels verdeckt wurde, drehte sich hierhin und dorthin – bis der Mann schließlich in ihre Richtung blickte. Anna hielt den Atem an. Sie wollte weglaufen, doch ihre Beine gehorchten ihr nicht.
Jemand packte sie am Arm und zerrte sie mit sich. »Psst!« Eine Hand wurde auf ihren Mund gedrückt, während die andere sie weiterzog. Im Schutz eines Zirkuswagens löste sich der Griff. Anna atmete tief durch. Jasminduft lag in der Luft. »Das war knapp«, sagte ihre Retterin.
»Galina!«
Tatsächlich stand die Artistin vor ihr. War sie nicht eben noch im Zirkuszelt hoch über ihr balanciert? Aber langsam musste Anna wohl eine weitere unerklärliche Tatsache akzeptieren: Sie war nicht nur in der Vergangenheit gelandet war, sondern erlebte denselben Tag noch einmal.
»Du bist verwirrt«, sagte Galina. »Das war ich auch. Du machst einen Zyklus durch, stimmt's? Ich erkläre dir, was ich weiß.

Es ist immerhin so viel, dass du vielleicht verstehst.«
»Was soll ich verstehen?«
Galina sah sich verstohlen um. »Komm mit.« Sie reichte ihr die Hand und Anna ergriff sie. Widerstandslos ließ sie sich zu Galinas Zirkuswagen führen. Dabei mieden sie sorgfältig alle Gehwege, kletterten stattdessen über Zäune und Hecken, duckten sich hinter Wagen, bis sie endlich vor Galinas Zuhause standen. Es fühlte sich fast schon vertraut an, als Anna eintrat. Nichts hatte sich im Vergleich zu ihrem letzten Besuch verändert.
Wenigstens das.
Galina zog Kommodenschubladen und Schranktüren auf und holte Kleidung heraus. »Zieh das an«, sagte sie im Befehlston. »Damit fällst du weniger auf.« Sie musterte ihren Gast mit einem unbestimmten Ausdruck im Gesicht. Auf Anna wirkte es fast belustigt. »Ich habe keine Ahnung, von wo du kommst, aber so kannst du hier nicht herumlaufen.«
Anna tat, wie ihr geheißen, und streifte sich das waldgrüne Kleid aus samtweichem Stoff über. Galina stellte sich vor sie und legte ihr einen schmalen, schwarzen Gürtel mit goldener Schnalle um die Taille, trat einen Schritt zurück und musterte das Ergebnis. »Das ist besser!« Ehe Anna etwas erwidern konnte, nahm Galina eine Dose vom Schminktisch und sprühte eine Ladung Haarlack auf Annas Frisur. Hustend ließ sie die Prozedur über sich ergehen. Jetzt nickte Galina zufrieden. »Ja, so sollte es gehen.« Ihr Blick senkte sich. »Aber die Schuhe …«
Anna schaute ebenfalls auf ihre Füße. »Was ist damit?«
»So was trägt eine Frau doch nicht. Was soll das sein? Arbeitsstiefel?«
»Meine Lieblings-*Doc Martens*«, erwiderte Anna schwach. »Die trage ich seit Jahren.« Aber sie begriff schon – damals, 1952, wirkten solche Schuhe an Frauenfüßen höchst merkwürdig. Ob es überhaupt schon Doc Martens gegeben hatte?
Galina schüttelte belustigt den Kopf und kramte wieder in der Kommode. Dann reichte sie Anna ein Paar Lackpumps, deren bloßer Anblick ausreichte, sie nervös auflachen zu lassen. »Die sind viel zu klein. Die passen mir niemals!«
»Aber andere habe ich nicht.«
Anna betrachtete sich im Spiegel. Das Kleid gefiel ihr.

Sie vollführte eine halbe Drehung und bewunderte den Schwung des Rocks, der bis zu den Waden reichte. Es tat gut, sich wenigstens eine Minute lang mit etwas so Normalem wie Klamotten zu beschäftigen. »Bei dem Kleid wird sowieso niemand auf meine Schuhe achten.«
Die beiden Frauen setzten sich aufs Bett. Anna wollte etwas sagen, doch Galina legte ihr den Zeigefinger auf den Mund. »Uns bleibt nicht viel Zeit«, kam sie ihr zuvor. »Du musst genau zuhören. Es ist wichtig. Für uns alle.« Sie sprach erst weiter, als Anna bestätigend nickte. »Seit wir unser Lager hier aufgeschlagen haben, gehen merkwürdige Dinge vor sich.«
Ich weiß, dachte Anna, schwieg aber. Ich habe dein Tagebuch gelesen – das würde bei Galina vielleicht nicht sonderlich gut ankommen.
»Am Anfang waren es nur Kleinigkeiten: Tiere, die zunehmend unruhiger wurden, und Arbeiter, die anscheinend einfach abhauten. Doch mit einem Mal veränderte sich der Himmel. Ich kann es nicht gut erklären.« Sie blickte zur Decke des Zirkuswagens, als befänden sich dort die Worte, die sie suchte. »Es wird nicht mehr richtig dunkel. Und die Sterne …«
Anna nickte. »Ich weiß. Ich hab sie gesehen. Sie stehen gleichzeitig mit der Sonne am Himmel.«
Galina lächelte ein schwaches Lächeln, das jeden Augenblick in sich zusammenzufallen drohte. »Es klingt verrückt, aber ich erlebe dieselben Stunden wieder und wieder.« Ihr Blick richtete sich auf einen Punkt, der irgendwo hinter Anna lag. Ohne zu blinzeln, starrte sie dorthin – ins Leere.
Anna zupfte sich eine Falte ihres Rocks zurecht, weil sie nicht wusste, wohin mit ihren Händen.
»Es ist kein ganzer Tag. Es ist nicht so, dass ich schlafe und aufwache und alles beginnt von Neuem. Es geht nur um die Stunden vor meinem großen Auftritt. Sie wiederholen sich wie in einer Endlosschleife, aus der es kein Entkommen gibt.«
»Ich habe …« Annas Kehle war plötzlich wie zugeschnürt. Sie konnte es nicht aussprechen.
Galina verstand sie auch so. »Du hast es selbst erlebt, nicht wahr? Wie etwas an dir gezogen und dich zurückgeschleudert hat. Und du kannst dich daran erinnern!«
»Hm«, machte Anna.

»Du weißt es noch!« Eine eigenartige Erregung, ja Begeisterung lag in Galinas Worten.
Anna nickte zögernd.
»Da bist du die Einzige außer mir. Alle anderen tun immer wieder dasselbe, aber sie … merken es nicht. Nur wir beide und …« Sie stockte. Wieder starrte Galina gedankenversunken ins Leere. »Ich habe es unzählige Male erlebt. Ich betrete die Manege, steige unter dem Applaus des Publikums die Leiter hinauf, mache mich für das Finale meiner Kür bereit, und dann …«
»Ja?«
»Dann bin ich wieder in meinem Wagen – vor Beginn der Vorstellung.«
»Ich muss dir nicht sagen, dass das unmöglich ist.«
»Das weiß ich selbst!« Galina erschrak offenbar selbst über ihren aggressiven Tonfall. »Entschuldige.«
»Du hast gesagt, die anderen wissen nichts davon. Wie kannst du dir da sicher sein?«
»Ich habe mit den meisten gesprochen.« Sie lachte heiser auf. »Bei jedem Durchgang hält mich irgendwer für verrückt, aber beim nächsten Mal erinnert sich keiner mehr daran. Und jetzt bist du da und erlebst dasselbe. Genau wie …« Sie brach ab.
»Genau wie – wer?«
»Es gab schon einmal jemanden. Er hieß Bernhard. Ich habe ihn gesehen, zwei- oder dreimal, dann mit ihm gesprochen, aber beim nächsten Durchgang war er verschwunden und ist nie wieder aufgetaucht. Ich glaube, der Mann mit dem Ledermantel hat ihn getötet.«
»Beschreib ihn mir. War er alt?«, fragte Anna.
Galina schüttelte den Kopf. »Ich schätze, um die vierzig. Kommt drauf an, ob du das alt findest.« Sie lächelte matt.
Nicht so alt, wie Anna gedacht hatte, denn ihr war die Leiche eingefallen, auf die sie gestoßen waren – der Mann mit dem Zettel, auf dem stand, er sei gefangen … gefangen im Jahr 1952, wie Anna nun begriff. Aber das konnte nicht dieser Bernhard gewesen sein. Egal, das spielte momentan keine Rolle, sie musste irgendwie ihre eigenen Probleme in den Griff bekommen. Der Gedanke, nicht nur in der Vergangenheit gelandet zu sein, sondern in einer Zeitschleife festzustecken, war völlig bizarr.

Ehrlich gesagt entsetzlich. Und er erklärte alles. Bis auf die Frage, wie das sein konnte. Vielleicht war sie einfach nur verrückt. Oder tot. Ja, sie war gestorben, und das hier war das Leben nach dem Tod. Die Hölle, denn das hier konnte nicht der Himmel sein. Bloß fühlte sie sich verflixt lebendig … und war es auch.

Also gut, sagte sie sich so ruhig wie möglich, Zeitschleife. Alles klar.

»Ich habe alles versucht, um diesem Wahnsinn zu entkommen.« Mit einem tiefen Seufzer lehnte Galina sich nach hinten und stützte sich auf den Händen ab. »Aber nichts hat geholfen. Dann sind mir Veränderungen aufgefallen.«

»Was genau?«

»Du, zum Beispiel. Plötzlich warst du da.«

Anna dachte nach. »Dieser Mann, der mich verfolgt. Was hat es mit ihm auf sich?«

Galinas Blick wurde starr. Anna glaubte, Angst in ihren Augen zu entdecken.

»Ich weiß es nicht. Aber auch er ändert sich jedes Mal.«

»Wie meinst du das?«

»Wenn ich von dort oben zurückgerissen werde und mich wieder in meinem Wagen beim Umziehen befinde, ist exakt alles so wie vorher. Dieselben Menschen gehen am Fenster vorbei. Von den Fahrgeschäften dringt immer dieselbe Melodie. Nur dieser Mann …«

»Was ist mit ihm?« Anna sah sie an.

»Ich habe ihn beobachtet.« Galina räusperte sich, als ihre Stimme zitterte. »Er taucht an unterschiedlichen Stellen auf, und manchmal finde ich ihn auch gar nicht.« Sie schluckte. »Es kommt mir vor, als sei er ständig auf der Suche. Aber ich weiß nicht, nach was. Oder nach wem. Ich dachte zuerst, er verfolgt mich, aber das stimmt nicht. Ich glaube, er weiß nicht, dass ich mich erinnere. Oder dass ich …« Sie suchte nach Worten.

»Dass du immer wieder an diesen Ort zurückkehrst.«

Galina richtete sich auf und ließ kraftlos die Schultern sinken. »Oder in diese Zeit. Ich weiß es nicht.«

»Und ich bin seit diesem Bernhard die Erste, von der du weißt, dass sie nicht hierhergehört?«

»Bevor du kamst, war da noch ein anderer Mann. Jünger und groß.

Er trug seltsame Klamotten und wirkte vollkommen orientierungslos.«
Annas Herz begann schneller zu schlagen. »Wie sah er aus?«
»Groß und sehr dünn. Sein Haar war viel zu lang, er …«
»… war blond«, ergänzte Anna und sprang auf. »Du hast Jakob gesehen! Meinen Bruder! Ich habe ihn gesucht … seinetwegen bin ich hier! Wo ist er? Ich muss ihn finden.«
»Ich bin an ihm vorbeigegangen, nur ganz kurz. Ein flüchtiger Augenblick. Und dann war er fort. Es tut mir leid, mehr kann ich dir nicht sagen.«
Anna stiegen Tränen in die Augen. Einerseits vor Erleichterung – eine Spur zu Jakob! Andererseits fühlte sie sich so hilflos. Wie sollte sie in dieser verrückten Welt ihren Bruder finden? War der Kerl im Ledermantel auch hinter ihm her? Steckte der Unbekannte genau wie Anna und Galina in der Zeitschleife fest? Hatte er Jakob vielleicht längst gefunden und hielt ihn gefangen? Oder Schlimmeres?
Der Gongschlag der Standuhr riss Anna aus ihrer verzweifelten Grübelei.
»Ich muss los«, sagte Galina, »zu meiner Vorführung.«
Anna sah ihr stumm zu, wie sie ihre Sachen zusammenpackte.
»Versteck dich hier, bis die Zeit um ist. Im Wagen bist du in Sicherheit. Und komm das nächste Mal direkt hierher.« Galina riss die Tür auf. »Gemeinsam werden wir eine Lösung finden.«
»Und wenn es kein nächstes Mal gibt?«, fragte Anna.
»Das wird es! Es gibt immer ein nächstes Mal. Ich mach das schon unzählige Male mit.« Sie zog die Tür hinter sich zu und ließ Anna allein zurück.
Die blieb auf dem Bett sitzen. Galinas Tagebuch kam ihr in den Sinn, der letzte Eintrag darin. Also hatte sie den 14. Juni wieder und wieder erlebt, aber nichts mehr dazu aufgeschrieben? Anna ging in Gedanken noch einmal durch, was Galina erzählt hatte. Aber so sehr sie auch versuchte, aus all dem schlau zu werden – es war hoffnungslos. Schließlich hielt sie es nicht mehr länger aus. Wie ein Tiger in einem zu engen Käfig lief sie im Wohnwagen auf und ab. Als sie das Gefühl hatte, gleich den Verstand zu verlieren, riss sie die Tür auf und stahl sich davon.
Galina hatte Jakob gesehen … also war er hier irgendwo und sie musste ihn finden! Sie blieb stehen und blickte in den Himmel, an dem die Sterne leuchteten.

Sie fand rasch den hellsten Punkt – wie sie wusste, war dies kein Stern, sondern ein Planet, nämlich die Venus. Danach suchte sie immer, ganz automatisch. Das hatte sie von Jakob gelernt, der schon als Junge ein Faible für den Weltraum gehabt hatte. Eine schwere Zeit für seine Schwester, da sie sich Vorträge über Star-Wars-Figuren hatte anhören müssen, statt in Ruhe mit ihren Barbiepuppen spielen zu können.

Anna hielt kurz die Luft an: Die Venus stand nicht dort, wo sie sie beim letzten Durchlauf der Zeitschleife erblickt hatte. Noch etwas, das höchst seltsam war. Wie tausend andere Dinge!

Sie sah sich um. Das Zirkusgelände war riesig. Es würde nicht einfach sein, Jakob hier zu finden … aber versuchen musste sie es! Sorge bereitete ihr auch der dichte Wald rundum. Wenn Jakob darin verschwunden war, würde es noch schwieriger, ihn aufzuspüren. Aber eins nach dem anderen. Sie rief sich den Lageplan des Geländes ins Gedächtnis, nahm das Hauptzelt als Fixpunkt. Mit dem Hauptzelt im Rücken lagen die Stallungen zur Rechten, während frontal das Riesenrad und links das Karussell aufgebaut waren.

Bei ihrer Suche wollte sie systematisch vorgehen, gezielt jeden Winkel durchforsten. Anfangen würde sie mit dem äußeren Ring, dem Kreis aus Wohnwagen. Sie beschloss, ihn abzugehen und jeden Wagen nach Jakob zu durchsuchen.

Der Weg führte an einer Handvoll ramponierter Lastwagen vorbei. Arbeiter trugen Eisenstangen heraus – Elemente für einen Gitterkäfig, erkannte sie. Möglichst unauffällig stahl sich Anna an den Männern vorbei – und erntete trotzdem einen schrillen Pfiff von einem der Kerle. Sie tat so, als hätte sie es nicht gehört, fühlte sich aber plötzlich unwohl in ihrer Haut. Als Nächstes folgte ein Tankwagen, aus dessen hinterem Ventil Wasser tropfte. Ein verwahrloster Hund mit zotteligem Fell stand davor und schlabberte es auf.

»Du sollst es mir geben!«

»Nein, du hattest es doch erst!«

»Ich hab's gefunden.«

Hinter dem Wagen stritten sich drei Jungs. Kurz dachte Anna, dass es dieselben Kinder waren, die ihr den Tipp mit dem Lösungswort gegeben hatten, aber sie wirkten jünger.

Als der Kleinste handgreiflich wurde, ging Anna dazwischen. »Wo sind denn eure Eltern?«
Schlagartig hörten die Kinder auf zu streiten. Sie starrten sie erschrocken an und wichen einen Schritt zurück. Der Größte ließ schnell die Hände hinter dem Rücken verschwinden.
Anna bemühte sich, freundlich zu lächeln. »Worüber streitet ihr denn?«
»Ich hab es gefunden!« Der Kleinste der drei stampfte wütend mit dem Fuß auf. Er trug eine kurze Lederhose. Die Füße mit den knielangen Strümpfen steckten in matschverschmutzten Sandalen.
»Das hast du gar nicht!«, brüllte ihn der Junge an, der neben ihm stand. Auf seiner Nase saß eine runde Brille, deren rechtes Glas so zerkratzt war, dass er dadurch unmöglich noch gut sehen konnte. Er zerrte am Arm des Großen und wollte ihm abnehmen, was immer der hinter dem Rücken versteckte.
»Lass mich los!«
Und schon war wieder das schönste Gerangel im Gange. Anna runzelte die Stirn. »Also, worum streitet ihr? Was habt ihr gefunden?«
Die Jungs ignorierten sie. Der Große streckte den ominösen Gegenstand in die Höhe, damit die anderen nicht drankamen. Doch der Kleine schubste ihn so, dass das Fundstück ihm aus der Hand fiel und direkt vor Annas Füßen landete. Es war ein Smartphone – und das passte mit hundertprozentiger Sicherheit nicht an diesen Ort, nicht in diese Zeit.
»Es gehört mir!«, sagte der mit den Kniestrümpfen trotzig und zog lautstark die Nase hoch.
Anna starrte das Smartphone an. »Wo hast du das her?«
»Hab's gefunden!« – »Aber ich hab's zuerst gesehen!« – »Hast du nicht!«
Die Jungs warfen sich auf den Boden und wollten sich das Handy schnappen, doch sie behinderten sich gegenseitig.
»Rührt das nicht an!«, befahl Anna. Sie merkte selbst, wie barsch sie klang. Die drei starrten sie mit großen Augen an, als hätte sie ihnen eine Ohrfeige versetzt.
»Ich … entschuldigt, aber das gehört mir.« Oder Jakob. Es musste sein Smartphone sein! Sie hob es auf. »Wo genau habt ihr es gefunden?«
In diesem Augenblick zerschnitt ein Knall die Stille. Alarmiert fuhr Anna herum. Einer der Arbeiter fluchte.

Ihm waren zwei Eisenstangen heruntergefallen. Annas Nerven brauchten einen Moment, um sich zu beruhigen. Langsam drehte sie sich wieder zu den Burschen um.
»Also, wo habt ihr – he!«
Die drei Jungs hatten die Ablenkung ausgenutzt, um abzuhauen. Gerade verschwanden sie hinter dem nächsten Wohnwagen. Anna versuchte gar nicht erst, sie zu verfolgen. Ohnehin war sie viel zu abgelenkt von dem Smartphone. Dem Modell nach musste es von ihrem Bruder sein. Das Display hatte einen tiefen Riss. Sie drückte die On-Taste. Zu ihrer Erleichterung erwachte der Bildschirm tatsächlich zum Leben.
Die Aufnahme einer Mondlandschaft erschien, mit einer amerikanischen Flagge im grauen Staub. Jakob war der größte lebende Neil-Armstrong-Fan, den man sich vorstellen konnte. Sein Lieblingsspruch war: »Gnorts, Mr. Alien!« – was die meisten Leute seltsam fanden, weil sie nicht wussten, was das heißen sollte.
Ihr Herz schlug wie rasend. Nicht auszudenken, wenn die Kinder es hingekriegt hätten, das Smartphone zu aktivieren. Denn nicht nur das Handy an sich, sondern auch das Foto mit der Flagge auf dem Mond wäre für sie der Schock des Lebens gewesen. Immerhin würden noch siebzehn Jahre bis zur ersten Mondlandung vergehen. Schlagartig begriff sie, dass sie eine tickende Zeitbombe in den Händen hielt.
Ein Schatten fiel auf sie. Im ersten, schrecklichen Moment war sie überzeugt, dass ihr Verfolger im Ledermantel sie gefunden hatte … doch vor ihr standen die drei Kinder, nur dass sie diesmal einen Erwachsenen im Schlepptau hatten. Er steckte in einen graublauen Anzug und trug eine riesige Schirmmütze, auf der ein für Anna unbekanntes Emblem abgebildet war. »Oberwachtmeister Bollmann«, stellte er sich mit finsterer Miene vor und fügte ein ruppiges »Volkspolizei« hinzu. »Diese Jungs behaupten, dass Sie einen, nun ja, Gegenstand entwendet haben, der eigentlich den Kindern gehört?«
Anna schob die Hand mit dem Smartphone hinter den Rücken und schüttelte den Kopf. Ein kläglicher Versuch der Leugnung, das war ihr selbst klar.
»Doch! Sie hat unser Laser-Strahlengerät gestohlen.« Der Bursche schob seine Augengläser nach oben.

»Euer was?« Anna lachte gekünstelt.
»Es hat kurz geleuchtet, und wir haben ein Bild gesehen!«
»So ein Unsinn«, unterbrach Anna ihn. Ihr Lächeln erstarb, als die Hand des Polizisten zum Pistolenhalfter ging. War der Typ verrückt geworden? Oder dachte er, sie hätte eine Waffe versteckt? So oder so, sie würde dieser Situation nicht entkommen können. Also zeigte sie das Handy vor.
»Was ist das?«, fragte Bollmann misstrauisch.
»Ein Laser-Strahlengerät«, wiederholte der Junge wie aus der Pistole geschossen. »Wie eine von Dr. Zarkovs Erfindungen in Flash Gordon!« Er formte seine Hände zu einer Waffe und gab die passenden Laute als kostenlose Dreingabe dazu. »Tschiuu! Pju-Pju!«
Bollmann fasste das Smartphone nicht an. »So was hab ich schon mal gesehen. Im Westen!« Allzu überzeugt schien er von seinen Worten selbst nicht zu sein. »Ihren Ausweis!«
»Warum denn das?« Panik ergriff Anna.
»Weil ich weiß, was das ist! Spionagetechnik von drüben.« Wieder legte sich die Hand des Polizisten auf den Waffengurt. »Los jetzt, Fräulein. Sie haben es doch gehört. Ihren Ausweis!« Sowohl die Stimme als auch das Winken wurde energischer.
»Ja, einen Moment bitte.« Anna nestelte in einer der Taschen ihres Kleids, beugte sich nach vorn – und tat etwas völlig Verrücktes: Sie rammte dem Polizisten den Kopf gegen den Brustkorb. Der Angriff traf ihn derart unvorbereitet, dass er mit einem lauten »Uff« nach hinten stolperte und stürzte. Anna zögerte keine Sekunde und rannte los.
»Stehenbleiben! Das ist Widersetzen gegen die Staatsgewalt.«
»Du kannst mich mal«, schrie sie nach hinten und zeigte ihm den Finger. »Fick die DDR!«
Getrieben vom Mut der Verzweiflung stürmte sie die Reihe der Zirkuswagen entlang, völlig egal wohin, bloß weg von diesem Typen. Das Handy drückte sie dabei wie einen Schatz gegen die Brust. Obwohl es nur ein lebloser Gegenstand war, fühlte sie sich damit erstens ihrem Bruder und zweitens der normalen Wirklichkeit verbunden. Sie tauchte hinter einem Anhänger ab, der voll beladen war mit Heu. Im Schutz der Reifen kauerte sie unterhalb der Achse.

Der Heuduft über ihr vermischte sich mit dem schweren Geruch von Öl und Schmierfett. Sie versuchte, ihren Puls unter Kontrolle zu bekommen, atmete langsam und gleichmäßig. Mit zittrigen Fingern schaltete sie das Smartphone ein. Die rot-weiß-blaue Flagge bildete einen starken Kontrast zum schwarzen Hintergrund des Bildes. Irgendwie tröstete sie der Anblick, zeigte er doch, dass Menschen alles schaffen konnten.
Aber nicht mit leerem Akku. Der Ladestand präsentierte nämlich gerade noch einen letzten Balken. Hastig tippte sie auf die Fotogalerie. Sie hoffte, darin einen Anhaltspunkt zu finden, was mit ihrem Bruder passiert war. Vielleicht war er ja eine Zeit lang unbehelligt geblieben. Dann hatte er bestimmt Bilder geschossen.
Aber das Smartphone fiel ihr aus den zitternden Händen und landete auf einem spitzen Stein. „Verdammt." Sie schlug sich die Hand vor den Mund. Hatte sie jemand gehört? Sie lauschte, vernahm Schritte und Stimmengemurmel, das sich jedoch wieder entfernte. Sie atmete auf, doch die Erleichterung hielt nicht lange an. Die Abdeckung des Handys war abgesprungen, der Akku, ein Fünf-Euro-Schein und einige Bilder herausgefallen. Alles zusammenzubasteln war ein Leichtes, aber das Smartphone war nun komplett abgeschaltet, und als sie die On-Taste drückte, wurde sie aufgefordert, die PIN einzugeben, um das Handy zu entsperren.
Sie kannte den Code nicht! Sie konnte sich ja kaum ihre eigenen Passwörter merken, denn sie hatte ein miserables Zahlengedächtnis. Ebenso wie ihr Bruder. Nein, bei Jakob war es sogar noch schlimmer. Das Auswendiglernen von ganzen Textpassagen stellte für ihn kein Problem dar, aber sich Zahlen zu merken, das ging überhaupt nicht. Dass er dennoch seine Leidenschaft in den Naturwissenschaften gefunden hatte, lag daran, dass er sich stets mit irgendwelchen Tricks zu helfen wusste. Er baute sich Eselsbrücken und hinterließ für sich selbst Hinweise an allen möglichen Orten. Also bestimmt auch in Sachen Smartphone-PIN!
Anna hob den Geldschein und die vier Bilder auf, die in der Handyhülle gesteckt hatten.
Sie betrachtete die Fotos, die unterschiedlich groß waren.
Sie war sich sicher: Diese Bilder verschlüsselten den PIN-Code. Nur wie?

6

WAS FÜR ANNA DER PIN-CODE IST, IST FÜR DICH DIE **SEITENZAHL**, AUF DER DU WEITERLESEN MUSST.

119 Irgendetwas stimmte nicht. Seit einer halben Stunde tapsten sie hintereinander wie eine Entenfamilie mit kleinen Schritten den schmalen Pfad entlang, der sie immer tiefer in den Wald führte. In der Ferne rauschte ein Bach. Ein Schwarm lästiger Insekten umschwirrte Anna und bediente sich an ihrem Blut. Es waren so viele, dass sie aufhörte, danach zu schlagen.

»Ich verstehe das nicht«, rief Jakob, der die Führung übernommen hatte. »Allmählich müssten wir das Ziel erreicht haben.«

»Dieser Wald ist mir echt unheimlich«, sagte Romy. »Wir sollten umkehren.« Ihre Stimme zitterte.

Es kam Anna so vor, als würde die Luft um sie herum bei jedem Schritt wärmer werden. Und nun roch es auch seltsam. Nein, keine Einbildung. »Sagt mal, brennt es hier irgendwo?«

Ben blieb stehen. »Ich rieche es auch. Ob das ein Lagerfeuer ist?«

»Dann muss es aber echt nah sein. Ich kann es knistern hören.« Anna drehte sich einmal um sich selbst. »Es kommt von überall.« Sie erschrak, als sie direkt vor sich ein Glimmen im Gebüsch entdeckte. Weiter hinten leuchtete es stärker, es war, als würde sie in einen Glutofen blicken. Zwischen den Baumreihen waberte Rauch.

Annas Herz pochte. Plötzlich raste das Feuer auf sie zu. Eine Wand aus Flammen, wie aus dem Nichts. Die Feuerzungen peitschten beißenden Qualm zu ihnen.

Romy schrie panisch auf. Jakob zerrte an Annas Arm, doch sie blieb stocksteif stehen, als hätte der Waldboden ihre Füße verschluckt. Starr vor Schreck blinzelte sie den Flammen entgegen, die sich durch die Baumstämme fraßen. Jetzt riss ihr Bruder so heftig an ihr, dass sie ihm stolpernd folgte.

»Wir müssen zurück«, schrie Ben. »Weg von hier!«

Doch wohin? Die Flammen waren überall und sie kamen immer näher. Es gab keinen Ausweg mehr für die Freunde.

GÖNNE DEN FREUNDEN EINE NEUE CHANCE, INDEM DU AUF SEITE 14 ZURÜCKGEHST UND ES NOCH EINMAL VERSUCHST.

120 »Ich hab's! Das sieht doch aus wie eine Schlange!« Hektisch kramte Ben den Lageplan hervor und studierte ihn, bis er etwas fand, das seiner Ansicht nach mit dem Symbol in Verbindung stand. »Obwohl das jetzt völlig verrückt klingt – der Affe muss das Reptilienhaus meinen. Seht euch die Zeichnung auf der Karte an. Dort ist eindeutig eine Schlange dargestellt, ergo gab es Schlangen, und damit passt auch die Affenzeichnung zu diesem Ort.«

»Ergo?«, wiederholte Romy gedehnt und verdrehte die Augen.

Anna wirkte unschlüssig. »Bist du dir sicher?«

»Absolut!« Ben nickte nachdrücklich. »Kommt. Es ist nicht weit.«

»Einen Versuch ist es wert!« Romy ließ sich von Ben mitziehen. Anna folgte ihnen, der Affe aber blieb im Sand sitzen und glotzte den Freunden hinterher.

Das Reptilienhaus war ein umgebauter Zirkuswagen, dem man einen Dschungelanstrich verpasst hatte. Als sie durch die Tür traten, schlug ihnen eine mörderische Hitze entgegen und es bot sich ein trostloser Anblick.

Anna sah sich um. Selbst die Fenster waren bemalt, sodass kaum Sonne ins Innere drang. An den Seiten verteilten sich unterschiedlich große Terrarien und Aquarien, allesamt leer. Lediglich die an den Glasplatten angebrachten Schilder gaben Aufschluss über die einstigen Bewohner. *Schuppenechse* stand auf einem. Auf einem anderen *Erdlöwe.* Anna runzelte kurz die Stirn. Dahinter ergänzte die Aufschrift *Chamaeleonidae.* Ob das das alte Wort für Chamäleon war? Doch Anna konnte sich nicht eingehender mit dem Gedanken beschäftigen. Die Sorge um ihren Bruder machte sie mit jeder verstrichenen Minute, die er verschwunden war, unruhiger.

»Jakob?«, rief sie verhalten in den langgezogenen Raum hinein. »Steckst du hier irgendwo?«

In der Mitte des Wagens stand ein runder Käfig, der vom Boden bis zur Decke reichte. Zwischen den Gitterstäben war Maschendraht gespannt. Anna fragte sich, welches Reptil darin wohl einmal gelebt hatte. Steine und Äste lagen im Käfig, bildeten eine Art Kletterbaum.

»Keine Menschenseele.« Romy seufzte, und auch Ben wirkte niedergeschlagen. »Verdammt«, fuhr er auf. »Ich war echt überzeugt, dass Jakob hier stecken würde. Was nun?«

Anna versuchte die dunkle Wolke zu ignorieren, die sich in ihrem Inneren ausbreitete und sie zu verschlingen drohte. Die Sorge um ihren Bruder stieg ins Unermessliche. Wo konnte er nur sein?

JAKOB BEFINDET SICH ALSO NICHT IM REPTILIENHAUS. KEHRE ZURÜCK ZU SEITE 71 UND VERSUCHE EINEN ANDEREN WEG!

122

»Du überraschst mich immer wieder, Schwesterherz!« Jakob sah Anna so bewundernd an, als hätte sie den Heiligen Gral gefunden. Dann gab er die Zahlenkombination ein, und das Schloss sprang mit einem leisen Klicken auf.

Sie freute sich über das Kompliment. Jakob war meistens der Cleverere gewesen, zumindest in schulischer Hinsicht. Im richtigen Leben stand er sich oftmals selbst im Weg. Jetzt zogen Ben und er ächzend an der schweren Luke. An ihren Rändern löste sich dichter Staub, der im Lichtkegel der Taschenlampen umherwirbelte. Ruckartig schwang die Metallplatte nach oben. Aus der Öffnung flutete grelles Licht in den dämmrigen Raum. Licht, das von unten kam.

Was war das? Alle beugten ihre Köpfe über die Öffnung. Ungefähr einen Meter unterhalb des Bodens befand sich tatsächlich eine Quelle – und sie leuchtete! Fassungslos betrachtete Anna den Bachlauf, dessen Wasser in hellem Blau strahlte.

»Ich kann nicht glauben, was ich da sehe.« Romys Stimme klang heiser.

Anna nickte stumm. Nur Jakob schien nicht überrascht, vielmehr legte er diese wissenschaftliche Neugierde an den Tag, mit der er bereits als Kind Käfer und Raupen untersucht hatte. »Vermutlich gibt es darin eine Ansammlung biolumineszierender Bakterien. Das kommt gar nicht so selten vor. Im Meer hat man schon kilometerlange leuchtende Algenteppiche gesichtet.«

»Das hier ist aber nicht das Meer«, erwiderte Ben trocken. Zweifellos ein schlagendes Argument.

»Ich habe ja nicht gesagt, dass das nicht merkwürdig wäre«, rechtfertigte Jakob sich.

»Was, wenn das Wasser verseucht ist?«, fragte Romy.

»Genau!« Ben nickte eifrig. »Vielleicht gibt es in der Nähe ein vergessenes Atommülllager, dessen Fässer durchgerostet sind, sodass der nukleare Schrott …«

»… die Quelle zum Leuchten bringt? Quatsch!« Jakob gab sich unbekümmert. »Das ist keine Netflix-Serie und kein 80er-Jahre-Trash, sondern die Realität!« Er tauchte die Hand ins Wasser.

»Und?«, fragte Anna vorsichtig.

»Es ist kalt. Und, Überraschung … oh … ich …« Er schrie auf.

»Was?«

»Das … das gibt's nicht!« Jakob verzog entsetzt das Gesicht und riss die Hand zurück, die Finger waren verkrampft. »Das Wasser ist … total nass!«

»Voll witzig.« Ben verzog keine Miene. »Und du glaubst wirklich, das sind Bakterien?«, bohrte er weiter. Er schien der ganzen Sache nicht zu trauen.

»Ich wüsste nicht, was sonst. Wasser leuchtet ja nicht einfach so.«

»Wasser nicht«, stimmte Romy zu, »aber vielleicht etwas anderes.« Sie atmete tief durch. »Etwas, das weit über unsere Vorstellungskraft hinausgeht!«

Jakob verdrehte die Augen. »Boah, du solltest billige Schauerromane schreiben.

Schon diese Formulierung! Cool. Egal – das war auf jeden Fall die merkwürdigste Cache-Suche meines Lebens. Kein Schatz, aber das hier.«

Sie verschlossen die Luke wieder und klickten das Schloss zu, ehe sie das Quellhäuschen verließen. Kaum war Anna draußen, begann sie in der brütenden Sonne sofort wieder zu schwitzen. Ihrem Bruder schien die Hitze weniger auszumachen. Er studierte erneut die Wegkarte. »Also, es gibt in der Nähe noch zwei Caches.«

»Vergiss es!« Ben riss ihm die Karte aus der Hand. »Ich habe genug von dieser Cache-Sache. Wir gehen jetzt schnurstracks zu dem See, an dem wir übernachten wollen, schlagen die Zelte auf und nehmen ein kühles Bad.«

Jakob guckte so gequält, als hätte Ben ihm eins übergezogen. »Aber …«

»Nichts aber!« Mit einer entschlossenen Handbewegung zog Ben einen imaginären Schlussstrich.

Immerhin drei der vier Freunde waren damit zufrieden.

Sie gingen los, der Karte zufolge direkt in Richtung des Sees. Der Weg führte in langen Kurven immer bergab. Wind rauschte in den Blättern der Bäume.

Anna begriff zwar nicht, warum – aber sie war um jeden Meter froh, den sie sich von dem Quellhäuschen entfernten. Wenn sie an diese leuchtende Quelle dachte, fühlte sie sich unwohl. Apropos düstere Empfindungen: Sie konnte nicht verhindern, dass ihr der tote Alte wieder in den Sinn kam … die gebrochenen Augen und vor allem die starre offene Hand, über deren Daumen Ameisen gekrochen waren. Trotz der Hitze jagte es ihr einen eisigen Schauer über den Rücken.

»Bist du sicher, dass es hier weitergeht, Jakob?«, fragte Romy.

»Bestimmt!« Jakob drückte sich durch dichtes Gebüsch. Ben und Romy folgten, Anna kam als Letzte. Spitze Äste piksten sie in Arme und Beine. Ein schwerer, harziger Duft lag in der Luft.

»Woher weißt du, dass wir hier durchmüssen?«, rief sie nach vorn. Kurz war sie überrascht über den dumpfen Klang ihrer eigenen Stimme. Es war, als würde der Wald sie verschlucken.

»Eine Abkürzung«, sagte Jakob. »Laut Tracker geht es jetzt die ganze Zeit geradeaus.«

Die Büsche spuckten sie in einem dicht bewachsenen Waldteil aus.

Es war seltsam still. Anna hörte nicht mal das Zirpen einer Grille oder Vogelgezwitscher. Die hohen Bäume ließen kaum noch Tageslicht durch, es schien plötzlich zu dämmern. Und der harzige Waldgeruch wich etwas Süßlichem.
»He, Leute«, rief Ben. »Irgendetwas ist da vor uns.«
»Was denn?«, fragte Romy belustigt. Ihre Laune war durch die Aussicht auf ein kühles Bad wieder gestiegen. »Der Bigfoot?«
Der Geruch wurde immer stärker. Das war … »Hier duftet es nach Popcorn!«, sagte Anna überrascht.
Jakob lachte auf. »Quatsch! Wir sind mitten im Wald.«
»Aber es stimmt«, meinte Romy.
»Also ehrlich, ihr …« Jakob brachte den Satz nicht zu Ende. »Ben hat recht, da ist was.« Seine Schritte wurden schneller.
Auch Anna hatte jetzt das untrügliche Gefühl, dass etwas nicht stimmte. Sie waren in Gefahr – auch wenn sie nicht wusste, warum und wodurch. Der karamellig süße Geruch wurde immer intensiver. Wo, bitte, kam mitten im Wald Popcornduft her? Sie überholte die anderen drei, erreichte den Rand einer Lichtung – und blieb wie angewurzelt stehen.
Atemlos und ungläubig.
Vor ihr stand ein rot-weiß gestreiftes, gigantisches Zelt. »Aber das gibt's doch nicht!«
Jetzt traten auch die anderen aus dem Wald. Sie schnappten nach Luft. Ben gab einen ungläubigen Laut von sich. »Was um alles in der Welt ist das?«
»Ein Zirkus«, erklärte Jakob das Offensichtliche.
»Mitten im Wald?«, fragte Romy. »Völlig versteckt? Ohne, dass er irgendwo erwähnt wird in der ganzen Geocaching-Sache? Das ist doch die Attraktion schlechthin!«
Anna schwirrte der Kopf. Der Tote … das unheimliche Häuschen … die leuchtende Quelle … und jetzt das hier.
»Seht euch nur das Riesenrad an!«, sagte Jakob.
Sie standen unmittelbar vor einem weißen, kunstvoll geschmiedeten Zaun. Doch hörte er zu beiden Seiten nach wenigen Metern auf und wurde von aneinandergereihten altertümlichen Zirkuswagen fortgesetzt, die einen Kreis um das große Zelt bildeten.

Hinter dem Gitterzaun standen ein Kassenhäuschen, Verkaufsstände und eben das Zirkuszelt sowie das Riesenrad. Die weißen Streifen der Zeltplane schimmerten in den Sonnenstrahlen wie flüssiges Silber, so hell, dass es in den Augen schmerzte.
In einiger Entfernung entdeckte Anna Tierkäfige. Manche standen auf dem Boden, andere auf Anhängern, doch alle schienen leer zu sein.
Vor einem der holzverkleideten Wohnwagen spannte sich eine Wäscheleine, an der Betttücher baumelten. Sie waren jedoch nicht weiß, sondern gräulich verfärbt, hatten ausgefransten Ränder und tellergroße Löcher im Stoff.
Was allerdings völlig fehlte, waren Menschen! Kein Geräusch war zu hören, alles wirkte seit Ewigkeiten verlassen, und doch … dieser Geruch! Frisches, warmes Popcorn!
Aber – nein, sie roch es gar nicht mehr. Hatte sich der Wind gedreht? Unsinn, schon die ganze Zeit über hatte sich kein Lüftchen geregt, und sie waren jetzt viel näher, so nah, dass sie es erst recht riechen müssten!
Ben packte zwei Streben des Zauns und grinste übers ganze Gesicht. »Genial, ein alter Zirkus.«
»Alt«, wiederholte Anna gedankenverloren. Das stimmte. Dieser Zirkus schien in jeder Hinsicht alt zu sein. Sie hielt inne. Und doch wieder nicht. Wenn man genauer hinsah, wirkte nur manches alt. Die Dächer der Zirkuswagen waren leuchtend rot, die Streifen des Zelts schimmerten in blendendem Weiß. Allerdings lag über vielen Dingen eine Patina, als wären die Wagen und die Zäune seit Jahrzehnten der Witterung ausgesetzt – Regen, Stürmen, Sonne. Einige Wohnwagen waren puderzuckerweiß, andere gelblich verfärbt, die Fenster, hinter denen sich hübsch verzierte Stickgardinen verbargen, glotzten beinahe blind und hatten Moosränder. Über dem riesigen runden Zelt spannte sich eine Schnur, an der abwechselnd bunte Wimpel und Glühbirnen baumelten, die meisten waren jedoch abgerissen und zersplittert. Auf der Zeltspitze thronte ein glänzender Fahnenmast, aber von der Fahne selbst waren nur Fetzen übrig geblieben. Vor dem Zelteingang befand sich ein gespannter Baldachin, ebenfalls umfasst mit rot-weißer Zeltplane. Auf diesem thronte ein Schild, auf dem in gelben großen Buchstaben »Monte Carlo« stand.
»Ein Lost Place!« Ben stieß einen Pfiff aus, der ein wenig schrill klang.

»Und was für einer! Okay, Jakob – dann hat sich der ganze Mist doch gelohnt. Ich gebe zu, ich habe mich getäuscht.«
Jakob schüttelte den Kopf. »Das ist unmöglich.«
Ben lachte. »Doch, doch! Sogar ich täusche mich manchmal …«
»Quatsch, das meine ich doch nicht! Dieser Zirkus … es kann ihn nicht geben. Nicht hier! Romy hat recht, das wäre doch auf der Cache-Seite erwähnt worden. Und überhaupt, warum sollte irgendwer all das aufgegeben und einfach stehen gelassen haben? Außerdem darf man in Deutschland garantiert nicht einfach so einen kompletten Zirkus im Wald entsorgen.«
Da niemand eine Antwort wusste, näherten sie sich stumm dem Tor. Eine Hälfte des Torflügels stand weit offen, als sollten sie willkommen geheißen werden.
Ben ging zuerst hindurch, dann folgten Romy, Anna und ihr Bruder. Als sie das Tor passierte, fühlte Anna in ihrem Bauch ein eigenartiges Vibrieren, als hätte sie in einen Elektrozaun gegriffen. Doch das Gefühl verschwand gleich wieder.
Seltsam.
Aber hier wimmelte es ja von Seltsamkeiten. Sie blickte sich um und nahm die unwirkliche Atmosphäre in sich auf.
Jakob beugte sich in das Kassenhäuschen, dessen Fensterläden offenstanden.
»Was machst du da?«, fragte Ben belustigt. »Willst du ein Ticket kaufen?«
Jakob zog sich zurück. »Hab einen Plan gefunden. Vom Zirkus. Den können wir bestimmt gebrauchen.« Er faltete eine bunt bemalte Karte auseinander.

ZELT DER WUNDER
REPTILIENHAUS

MONTE CARLO
KASSE
CIRCUS
MONTE CARLO

Nachdem er sie einige Minuten sorgfältig studiert hatte, faltete Jakob die Karte wieder zusammen und drückte sie Ben in die Hand. »Hier, kannst auch mal was tragen.«

Ben steckte sie sich in eine der vielen Taschen seiner Cargohose. »Daran werde ich mich nicht zu Tode schleppen.«

Sie kamen an einem Drehorgelwagen vorbei, den jemand mitten auf dem Weg abgestellt hatte. Er stand auf großen Metallspeichenrädern und erinnerte Anna an einen umgebauten altertümlichen Kinderwagen – wunderschön, bunt angemalt und mit kunstvollen Schnitzereien verziert. Allerdings wirkte das Holz aufgequollen und rau. Die Farben waren verblasst und an vielen Stellen blätterte der Lack ab.

Trotzdem meinte Anna fast eine Melodie zu hören, die früher aus den dicht aneinandergereihten Pfeifen erklungen war.

Jakob ließ die Hand über die Orgel gleiten. »Das Teil muss doch ein Vermögen wert sein. Wer lässt so was einfach stehen?«

»Glaubst du?«, fragte Ben. »Bekommen wir den ordentlich vertickert?«

Romy baute sich vor ihm auf. »Du meinst, wir sollen ihn mitnehmen?«

»Klar, warum nicht. Wenn der ein paar Euronen bringt …«

»Aber der gehört doch irgendwem.«

Ben breitete die Arme aus. »Schau dich um! Glaubst du, irgendwer würde sich dafür interessieren? Es war seit Jahrzehnten keiner mehr hier!«

Und wer hat dann das Popcorn gemacht?, dachte Anna, aber sie schwieg. Zumal sie es nicht länger riechen konnte. Sie überlegte, ihre Freunde danach zu fragen, kam sich allerdings blöd vor und sagte nichts.

»Ich such mal im Netz nach diesem Zirkus.« Romy griff in die Hosentasche und zückte ihr Mobiltelefon. »Da muss doch irgendwas zu finden sein … ach, Scheiße, keine Verbindung!«

Auch Ben hielt sein Handy in der Hand. »Kein einziger Balken.«

Jakob starrte auf seinen Tracker, schüttelte erst ihn und dann den Kopf.

»Alles okay?«, fragte Anna.

»Ja … nein! Anscheinend gehen die Batterien zur Neige. Das Display spinnt.« Er hielt es Anna hin, die nur ein schwarzes Feld sah.

»Dann auf! Schauen wir uns diesen Lost Place an!« Ben klatschte in die Hände. »Ich geh ins Zelt!«

»Wir bleiben zusammen«, forderte Jakob. »Nicht, dass doch noch jemand auftaucht und sauer ist, dass wir uns hier rumtreiben.«
Insgeheim wäre Anna über andere Menschen ganz froh gewesen. Sie machte eine abwehrende Handbewegung. »Und wenn schon, was sollen die machen? Uns einsperren und grillen, weil das hier der geheimnisvolle Clan der Menschenfresser ist?« Kaum waren die Worte draußen, fand sie sie auch nicht mehr besonders witzig. Schon gar nicht in dieser Umgebung.
»Blödsinn!« Ben ging los. »Wir müssen nicht zusammenbleiben! Das Zirkusareal ist riesig. Wenn wir uns nicht aufteilen, schaffen wir es nie, bis Sonnenuntergang alles zu erkunden. Vielleicht sollten wir sowieso hier übernachten, im Zelt oder in einem der Wagen. Da wären wir geschützt!« Ehe jemand widersprechen konnte, lief Ben zum Zelteingang und verschwand darin.
»Also schön.« Jakob seufzte. »Teilen wir uns auf und werfen einen Blick in die Wagen. Vielleicht sind ja nicht alle abgeschlossen.« Jakob steuerte einen der Zirkuswagen an.
Anna verschränkte die Hände vor der Brust, wie um sich zu wärmen.
Sie fühlte eine eisige Kälte, tief in ihrem Inneren. Für sie sah es hier nicht nach aufgegeben aus. Eher nach fluchtartig verlassen …
Romy wartete auf Anna. »Kommst du? Wir können gemeinsam gehen, egal, was die anderen sagen.« Sie hakte sich bei Anna ein und ging mit ihr auf den erstbesten Wagen zu. »Leben in einem alten Zirkuswagen, wie ein fahrender Vagabund. Das war schon immer mein Traum.«
»Echt jetzt?«
Romy grinste. »Nö. Aber mit einem dieser Wagen durch halb Europa fahren, gezogen von einem ebenso alten Traktor – klingt schon genial, oder?«
Anna lachte. »Dafür musst du dir aber etwas Zeit einplanen.« Plötzlich blieb sie stehen und drehte sich um.
Das kreisrunde Zelt.
Die Anordnung der Wagen.
Das hatte sie doch schon einmal gesehen! »Warte«, forderte sie.
»Was hast du?«, fragte Romy.
»Ich …« Sie sprach nicht weiter. Das war doch verrückt. Was konnte die Leiche mit diesem Zirkus zu tun haben? Und wieso sollte …?

Romy drückte ihren Arm und riss sie aus den Gedanken. »Anna?«
Statt einer Antwort holte sie stumm ihr Handy heraus.
»Das hatten wir doch schon«, sagte ihre Freundin. »Kein Netz.«
»Darum geht es mir nicht.« Sie rief die Nachricht auf, die Ben ihr zuletzt geschickt hatte – das Foto des Zettels aus der Hand der Leiche.

»Was willst du denn damit?«
Anna las die verwirrenden Worte – Ich bin gefangen – und die Zahl – 1952. Aber das war es nicht. Es ging um die Zeichnung!
Tatsächlich, es passte genau. Das kreisrunde Zirkuszelt und drumherum die rechteckigen Wohnwagen ... »Das ist eine Skizze des Zirkus!«, sagte sie.
Romy beugte sich übers Display. »Unfug, das kann doch nicht – Du ... hast recht.« Erschrocken sah sie die Freundin an.
»Und einer der Wagen ist mit einem Kreuz markiert!« Anna eilte los. Die Wagen ließen sich leicht abzählen, wenn man beim ersten begann, der sich dem Gitterzaun anschloss. Sie wollte wissen, was es mit dem markierten Wagen auf sich hatte.
Eine Menge Fragen wirbelten durch ihren Kopf, und keine davon war sonderlich angenehm. Aber die musste sie erst mal beiseiteschieben.
»Hier! Romy, es ist dieser!«
Holzstufen führten zur Tür. Anna legte die Hand auf die Klinke und drückte sie nach unten. »Es ist offen.« Langsam schob sie die Tür auf.

Sie fühlte sich wie eine Einbrecherin. Dennoch trat sie ein. Ihre Schritte wurden von einem dicken Teppich gedämpft. Staub wölkte hoch. Das Sonnenlicht schaffte es kaum durch die blinden Fenster, sodass Anna einige Sekunden brauchte, um sich an das diffuse Licht zu gewöhnen.
Endlich erkannte sie Einzelheiten. Im Inneren wirkte der Wagen viel größer, als es von außen den Anschein hatte. Trotz des Staubs fielen ihr die liebevollen Details der Einrichtung auf. Die hölzernen Wände waren weiß gestrichen und dekoriert mit Gemälden und Setzkästen mit kleinen Figuren aus Porzellan, Tiere und Menschen. Am hinteren Ende, in der Nähe des Bettes, stand ein rußschwarzer Bollerofen, dessen Rohr in der Decke verschwand. Auf einer Kommode aus dunklem Holz im Biedermeierstil thronte eine Kristallvase mit langstieligen getrockneten Blumen, überzogen mit einem dichten Netz aus Spinnweben. Die Möbel waren aus lasiertem Holz mit dumpf goldenen, glanzlosen Griffen.
Eine Kommode samt Stuhl stand vor einem ovalen Spiegel, der rechts und links Flügel zum Ausklappen hatte. Es war ein Schminktisch, erkannte Anna, als sie näherkam und all die Utensilien auf der Ablage sah. Kamm, Bürste, Lippenstift, eine Wimpernzange. Daneben hing auf einem Kleiderhaken ein kurzes Kleid mit engem Oberteil und weitem Rock aus Plissee. Seine Farben waren verblasst, doch Anna erahnte einst wundervolle leuchtende Töne.
»Das ist wirklich schön«, begeisterte sich Romy. »Wer hier wohl gewohnt hat?«
Anna warf einen Blick in den Spiegel, der ihr Bild nur unscharf wiedergab. Behutsam betastete sie den Stoff des Kleidchens. Passend dazu hingen an der einen Spiegelseite ein paar abgenutzte Ballettschuhe. Auf der Kommode entdeckte sie eine verschnörkelte Schatulle. Sie öffnete sie, woraufhin eine kleine Ballerina – eingebettet in rotem Samt – aufklappte. Aber weder drehte sie sich noch spielte eine Melodie auf.
Auf dem Nachttisch lag neben einer Petroleumlampe mit Glaslampenschirm ein gebundenes Buch. Anna wollte es gerade nehmen, als Romy in die Knie ging. »Schau dir das an!«
Anna folgte der Aufforderung und bückte sich unter den Nachttisch. »Ein Tresor?«
Ihre Freundin nickte begeistert. Sie versuchte, ihn zu öffnen. »Mist!«

Gemeinsam musterten sie das Zahlenschloss. Romy pustete den Staub weg, um die Zahlen besser erkennen zu können. »Wir bräuchten die Kombination.« Sie sah sich um. »Vielleicht gibt es im Raum ja etwas, das sie uns verrät.«
»Wie kommst du denn darauf?«
»Na, das ist doch logisch. Wo würdest du den Code für einen Tresor aufbewahren?«
»Keine Ahnung. Ich habe keinen Tresor.«
Romy klemmte sich eine Locke hinters Ohr. »Und wenn du einen hättest?«
»Hm«, machte Anna. »In meinem Handy.«
»Und wenn das noch nicht erfunden worden wäre?«
»Ich würde es mir aufschreiben und die Notiz irgendwo verstecken.«
»Ganz genau. Also kann uns hier irgendwas im Raum die Kombination verraten.«
Anna begann zu suchen. Es musste etwas mit Zahlen sein. Oder etwas, aus dem sich Zahlen ergaben.

WO IST DER HINWEIS VERSTECKT, DEN ANNA FINDEN MUSS?

1. BETT: GEHE ZU SEITE 28
2. SCHMINKTISCH: GEHE ZU SEITE 98
3. OFEN: GEHE ZU SEITE 150

134

»Mir gefällt das nicht.« Romy stapfte hinter Ben durch das unwegsame Gelände. »Das ist echt kein Weg mehr! Das kann nicht richtig sein.«

Anna bemerkte, dass Romy Bens Nähe suchte – als würden seine breiten Schultern ihr die Angst nehmen. Ben blieb unbekümmert. »Ist doch super. Wer hätte gedacht, dass es in Deutschland noch einen Urwald gibt! Scheint so, als wäre seit einer Million Jahre keiner mehr hier gewesen!«

Wortlos trottete Anna hinter den dreien her und schob die Daumen in die Träger ihres Rucksacks. Parallel zum Weg floss ein kleiner Bach, der leise vor sich hin plätscherte. Er glitzerte bläulich im Sonnenlicht. Unvermittelt öffnete sich vor ihnen eine weitere Lichtung. Doch hier war der Boden lehmig-trocken, nur hier und da wuchsen ein paar magere Grasbüschel.

»Ach«, meinte Jakob, »wenn hier ewig keiner war, was macht dann dieses Gebäude da?«

Anna blinzelte in die Richtung, in die ihr Bruder zeigte. Sie musste zweimal hinsehen, ehe sie das Bauwerk entdeckte. Es war derart verwittert, dass es sich kaum vom Grün des Waldes dahinter unterschied. »Was ist das?«

»Ich denke, das ist ein altes Mineralquellenhäuschen«, erklärte Jakob in seinem Lehrerton, den Anna schon als Kind gehasst hatte. »Hier hat man früher Wasser aus einer unterirdischen Quelle hochgepumpt und mit Kohlensäure versetzt.« Er zögerte kurz. »Das muss über hundert Jahre her sein, so verfallen, wie es aussieht. Okay, das ist zugegebenermaßen ziemlich lang, aber nicht …«, er grinste Ben an, »… eine Million Jahre.«

Anna schirmte ihre Augen gegen die Sonne ab. Das kleine Haus bestand aus dunklem Stein. Die mit Efeu überwucherte Vorderseite verschmolz fast mit der Umgebung. »Schauen wir uns das aus der Nähe an.«

Die Tür sah aus, als wäre sie hellgrün gestrichen. Erst bei genauerem Hinsehen bemerkte Anna, dass es sich um eine massive Eisentür handelte, die Rost angesetzt hatte. Sie saß in einem floral-verschnörkelten Türrahmen. Alles an diesem Bau erinnerte an die Jugendstil-Ära – leicht geschwungene Linien, verspielte Details.

»Mein Hexenhäuschen«, gab Ben in der jämmerlichen Imitation einer meckernden Hexenstimme zum Besten.

»Und ihr glaubt wirklich, dass wir das da gesucht haben?«, fragte Romy.

Jakob setzte den Rucksack ab. »Sie haben das Ziel erreicht«, sagte er mit der monotonen Stimme eines Navigationssystems.
Anna konnte nicht darüber lachen. »Das sieht unheimlich aus.«
»Warte erst mal ab, wenn du drinnen bist«, prophezeite ihr Zwillingsbruder. Er rüttelte am Türknauf.
»Abgeschlossen?«, fragte Romy. »War ja klar. Ab sofort hasse ich ganz offiziell jegliches Geocaching.«
»Sie klemmt nur«, erwiderte Jakob, während er angestrengt drehte und drückte. »Ben, hilf mir!« Gemeinsam stemmten sich die beiden gegen die von Rost zerfressene Eisentür, bis sie Stück für Stück nachgab und ein kleiner Spalt entstand. »Mehr geht beim besten Willen nicht.« Schnaufend wischte Ben sich den Schweiß von der Stirn.
»Kein Problem!« Jakob klatschte sich den Rost von den Händen. »Breit genug für mich.«
Anna winkte ab. „Breit schon, aber nicht hoch genug. Ich bin viel kleiner, ich zwäng mich durch und schaue nach, was die Tür blockiert. Okay?«
Ihre Worte klangen zuversichtlicher, als sie sich fühlte. Aber auch sie wollte, dass diese Suche ein Ende fand. Deshalb mussten sie endlich diesen dämlichen Cache aufstöbern.
Jakob sah sie einen Moment zweifelnd an. Dann riss er den Reißverschluss seines Rucksacks auf und kramte eine Taschenlampe heraus.
Anna nahm die Tür ins Visier. Darüber entdeckte sie eine metallene, fast völlig überwucherte Tafel. Der Efeu verbarg manche Buchstaben, aber sie glaubte, dass dort

TEMPUS FUGIT

stand. Sie runzelte die Stirn. Ein merkwürdiger Spruch – sie konnte ihn aus dem Lateinischen übersetzen.

DIE ZEIT FLIEHT

Eigenartig, das auf ein Quellhäuschen zu schreiben. Langsam drehte sie sich zu den anderen. »Was kann da drin sein?«

»Wie gesagt, vermutlich eine alte Pumpenanlage«, erwiderte Jakob.
»Hm.« Anna streifte den Rucksack ab. Es war die reinste Wohltat, als die Last von ihr abfiel.
Romy strich ihr über den Rücken. »Du bist ja völlig verschwitzt.« Unauffällig wischte sie sich die Hand an ihren Shorts ab.
Anna holte tief Luft und schnappte sich die Taschenlampe. »Also dann!« Sie schob sich durch den Spalt, der viel enger war, als er ausgesehen hatte. Akribisch darauf bedacht, sich nicht die Haut an den zerfressenen Rostkanten aufzuschlitzen, schob sie sich Zentimeter für Zentimeter voran. Sie hatte keine Lust, sich hier in der Wildnis eine Blutvergiftung einzufangen – außerdem hatte sie keinen Schimmer, wie lange ihre letzte Tetanus-Auffrischung zurücklag. Mit dem Oberkörper hatte sie es fast ins Innere geschafft. Ihr schlug ein undefinierbarer Geruch entgegen, so penetrant, dass er in den Lungen brannte. Angewidert zog sie den Kopf zurück. »Dort stinkt es fürchterlich. Irgendwie … ätzend.«
»Könnte Kohlensäure sein«, meinte Jakob. »Eigentlich ist die geruchlos. Aber ich bin mir ziemlich sicher, dass es ungefährlich ist. Zünd aber lieber kein Streichholz an!«
»Danke für die Warnung.«
»Keine Ursache, Schwesterherz.«
Sie zwängte sich weiter. Ihre Beckenknochen stießen gegen die Tür, die keinen Millimeter nachgab. Aber sie kam durch. Sofort knipste sie die Taschenlampe an. Der Strahl zitterte durch den Raum. Nur schemenhaft nahm sie die Umgebung wahr. Steinerne Wände, in den Ecken dichte Netze aus Spinnweben, in denen sich der Staub vieler Jahre sammelte. Die dazugehörigen Spinnen mochte sie sich gar nicht vorstellen. Ihr fiel Kankra aus dem Herrn der Ringe ein. Die wartete und lauerte geduldig, bis irgendein Wesen dumm genug war, sich in ihre Fänge zu verirren. Nur dass es bei Tolkien kein Quellhäuschen gab.
»Und?«, kam es dumpf von draußen. Sie antwortete nicht. Es fühlte sich an, als hätte sie eine andere Welt betreten. Die dicken Steinwände und die halb verschlossene Tür verschluckten beinahe jedes Geräusch der Außenwelt. Dafür hörte sie etwas, das sie nicht zuordnen konnte – ein Gluckern, direkt aus dem Boden.

Sie richtete den Strahl der Taschenlampe auf ein Gebilde, das in der Mitte des Raumes stand. War das eine Pumpe? Weder erkannte sie Rohre noch irgendwelche Drehräder an diesem langgezogenen, bräunlichen Ding, das die Form eines Zylinders hatte. Aber der beißende Geruch schien direkt aus diesem Gerät zu kommen. Und auch das Gluckern wurde immer lauter, je näher sie kam.

»Mach endlich auf!«, drang es gedämpft zu ihr durch.

Diesmal erkannte sie eindeutig Jakobs Stimme. Sie klang besorgt. Mit einem energischen Kopfschütteln holte Anna sich zurück ins Hier und Jetzt und ging zur Tür. Mit der Taschenlampe fuhr sie die Zargen ab und begriff sofort das Problem. Das obere Scharnier hing schief, wodurch die Tür an einer Seite auf dem Boden aufsetzte. »Sie hat sich verkeilt. Ich versuche, sie ein Stück anzuheben, und ihr drückt mit voller Wucht dagegen!«

Jakobs Nase erschien im Türspalt. »Bestens!«

Kurz überlegte Anna, die Taschenlampe auszuknipsen und sie in die Hosentasche ihrer Shorts zu stecken, damit sie beide Hände nutzen konnte. Doch der Gedanke, plötzlich im Dunkeln zu stehen, mit diesem Zylinderpumpending und vielleicht einer Tolkien'schen Riesenspinne im Rücken, gefiel ihr nicht. Also legte sie die Lampe auf den Boden, den Strahl auf die Tür gerichtet.

»Jetzt!« Die Tür war unfassbar schwer. Anna hatte nicht das Gefühl, als könne sie sie auch nur einen Millimeter anheben. Doch dann … ein Ruck!

Ben jubelte. »Noch ein Stückchen!«

Zentimeter um Zentimeter schob sich die Tür nach innen, Licht fiel in den Raum. Doch dann ging es nicht mehr weiter, eine Erhebung im Boden blockierte die Tür endgültig.

Romys Lockenschopf erschien in dem Spalt. Sie grinste. »Das ist breit genug. Ich passe wunderbar durch.« Ohne sonderliche Mühe schob sie sich herein. Ben folgte, musste aber den Bauch einziehen und sich so dünn wie möglich machen.

»Ein Würstchen weniger gestern Abend wäre vielleicht nicht schlecht gewesen“, neckte Romy ihn.

Ben stieß die Luft aus, sagte aber nichts.

Jakob schlüpfte ohne Probleme hinterher. Seine Augen glänzten im fahlen Licht der Taschenlampe. »Ist doch voll gemütlich hier.«

»Könnte mir ein heimeligeres Eckchen vorstellen«, sagte Anna.
»Und dieser Gestank!« Romy hielt sich die Hand vor den Mund.
»Das ist übrigens keine Kohlensäure«, stellte Jakob fest. Anna verdrehte die Augen. Toll. Erst tat er wie der Oberchecker, dann lag er doch daneben. Aber sie musste zugeben, dass er meistens recht hatte. Kein Wunder, schließlich zog er sich jede Wissenschaftsdoku rein, die er in die Finger bekam, ob im Fernsehen oder auf Youtube.
»Was denn sonst? Was Gefährliches?« Romy starrte ihn mit großen Augen an. Annas Zwillingsbruder hob nur die Schultern. »Wird schon okay sein. Schließlich sind wir noch nicht tot umgefallen.«
Romy stöhnte. »Sehr beruhigend.«
»Das ist also die Pumpe!« Jakob marschierte mit der Taschenlampe schnurstracks zu dem Zylinderding. Es folgten zwei weitere Lichtkegel von Ben und Romy, die sich ebenfalls auf das Gerät richteten. Jakob inspizierte es fachmännisch von allen Seiten. Er machte den Eindruck eines höchst zufriedenen Wissenschaftlers, der ein Alien auf dem Seziertisch liegen hat.
»Und?«, fragte Ben. Er klang mittlerweile auch leicht genervt. »Was Interessantes gefunden?«
»Ähm, nein. Aber hier muss irgendwo unser Cache versteckt sein.«
Sie suchten jeden Winkel des Quellhäuschens ab. Der Gestank schlug Anna auf den Magen. Das konnte unmöglich gesund sein. Sie musterte rasch die letzte Wand, sah sich alles genau an, doch wurde nicht fündig.
»Ich enttäusche euch wirklich ungern«, meinte Ben. »Aber hier ist absolut gar nichts.«
»Dem kann ich mich nur anschließen.« Anna hatte lediglich ein paar Farbkleckse entdeckt – klasse!
»Seid doch mal still!« Jakob ging in die Hocke. »Ich höre was.«
»Wenn du das Gluckern meinst«, sagte Anna, »das wird die Quelle sein. Hört man schon die ganze Zeit.«
Ihr Bruder beugte sich weiter nach vorn. Er tastete mit den Händen den Boden unmittelbar vor der Pumpe ab und pustete Staub weg. Tatsächlich kam dort etwas zum Vorschein.
»Eine Luke?« Ben leuchtete auf die Klappe.
»Ist das ein Schloss?« Romy tippte mit dem Fuß an ein metallisches Ding.

»Ein Zahlenschloss. Mit drei Ziffern.«
»Spitze!« Bens Lampenstrahl richtete sich direkt auf Romy, die daraufhin die Augen zukniff und wütend schnaufte. Rasch drehte er die Lampe weg.
»Sorry. Aber wie sollen wir die Luke aufbekommen? Denn das müssen wir wohl, oder?«
»Das ist ein Cache, nicht vergessen!«, sagte Jakob. »Die Lösung kann nicht allzu weit weg sein. Es gibt hier garantiert irgendeinen Hinweis.«
»Und wenn diese Luke überhaupt nicht zum Cache gehört?«, fragte Romy.
»Doch, das tut sie«, sagte Anna. Denn sie erinnerte sich an etwas.
Die Farbkleckse – das waren nicht einfach irgendwelche Schmierereien! Sie leuchtete an die rechte Wand.

Sie hatte diese Farben schon einmal gesehen! Bestimmt gaben sie den entscheidenden Hinweis auf die Kombination des Zahlenschlosses.

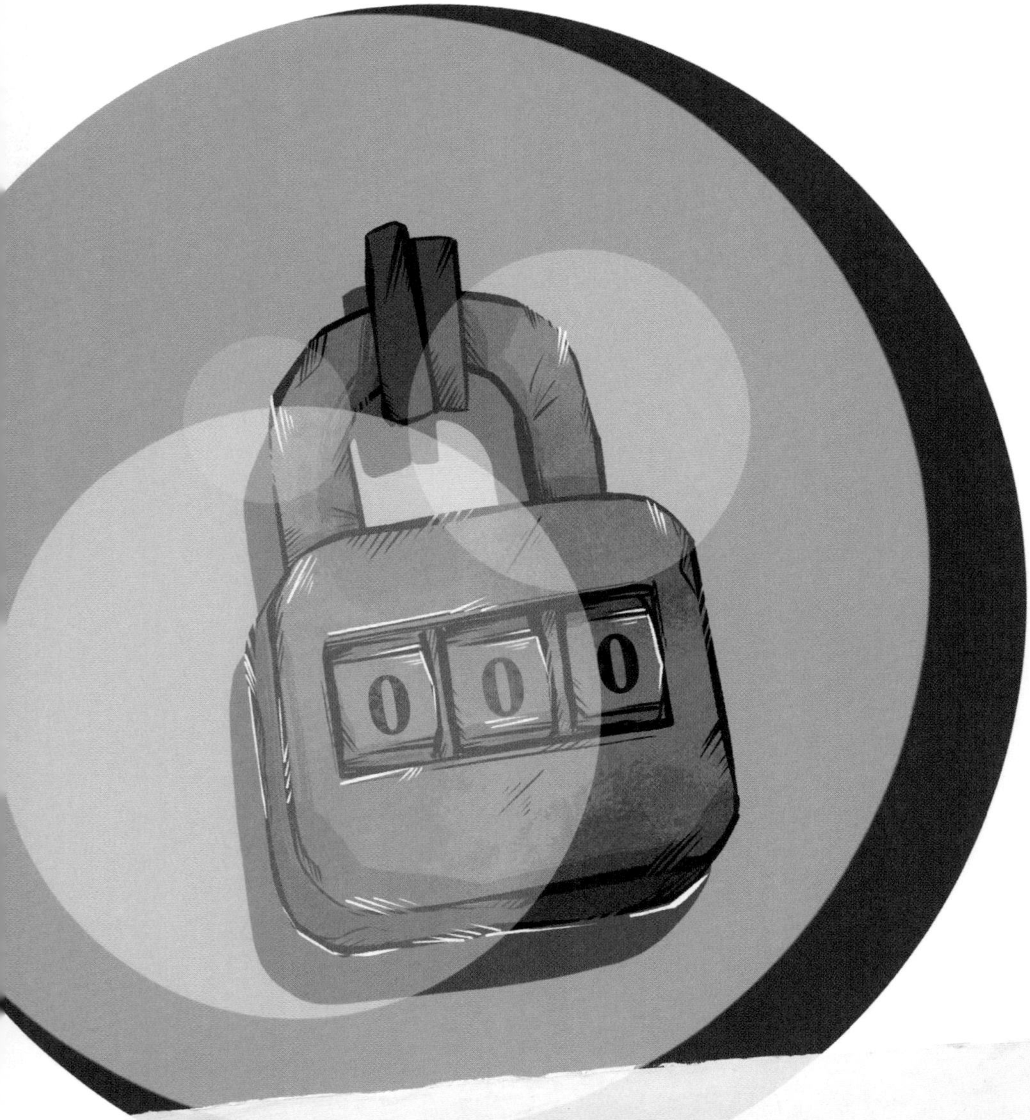

WAS FÜR DIE FREUNDE DIE KOMBINATION FÜR DAS SCHLOSS IST, IST FÜR DICH DIE SEITENZAHL, AUF DER DU WEITERLESEN KANNST.

2.

142 Sie gab die vier Ziffern in das Handy ein und drückte mit angehaltenem Atem die Okay-Taste.

Ihr Herz machte einen Freudenhüpfer, als das Smartphone entsperrt wurde. Gleichzeitig war sie so froh wie nie zuvor über die Vergesslichkeit ihres Bruders. Nur dank dieser hatte sie den Code herausfinden können.

Sofort öffnete sie die Bilderordner und betrachtete die letzten Fotos, die er mit der Kamera des Smartphones geknipst hatte. Das erste Bild im Zirkus zeigte das Riesenrad zu der Zeit, als sie es gerade entdeckt hatten, in der Gegenwart. Das Stahlungetüm war verwittert und rostete vor sich hin. Direkt darauf folgte ein Foto aus 1952 – in den bunten Gondeln saßen Menschen.

Danach kamen eine Menge Fotos von Zirkuswagen und verschiedenen Tiergehegen. Für Anna war das letzte Bild wichtig, denn das musste an dem Ort aufgenommen sein, an dem Jakob sich zuletzt mit dem Smartphone aufgehalten hatte. Dort, so hoffte sie, würde sie seine Spur aufnehmen können.

Aber das Foto ließ sie ratlos zurück. Es zeigte ein Gebäude am Rande des Waldes. Vielleicht eine Jagdhütte? Mit Daumen und Zeigefinger zog sie den Ausschnitt größer und betrachtete den Eingang – eine schwere, metallene Tür. Darüber hing ein eisernes Schild: Tempus fugit.

Nun begriff sie – das war das Quellhäuschen, in dem sie erst vor wenigen Stunden den Cache gesucht und das leuchtende Wasser entdeckt hatten! Nur dass es hier noch heil war. Natürlich! 1952 war es noch weitaus besser in Schuss gewesen. Sie hatte es zwar erst vor wenigen Stunden gesehen – aber zugleich erst in vielen Jahrzehnten!

Sie sah sich das Foto genauer an. Die verspielten Eisenornamente glänzten und blinkten im Sonnenlicht. Keine einzige Efeuranke kletterte die steinerne Fassade hoch – und die Tür, die schief in den Angeln gehangen hatte, war fest verschlossen.

Und diese Aufschrift, die sie damals in der Zukunft nicht groß beachtet hatten:

TEMPUS FUGIT.

Das war Lateinisch für:

DIE ZEIT FLIEHT.

Dieser Spruch hatte für Anna inzwischen eine völlig andere Bedeutung … Jakob hatte also vor diesem Quellhäuschen das letzte Foto geschossen. Was war anschließend passiert? Und wie war er dorthin gekommen? Sie waren danach noch einige Zeit durch den Wald gewandert, ehe sie die Lichtung vor dem Zirkus erreicht hatten. Ob er diesen Weg genommen hatte? Aber sie konnten das Zirkusareal ja nicht verlassen! Oder doch? War Anna nur zurückgeschleudert worden, weil es so kurz vor dem Ende der Zeitschleife gewesen war? Sie musste es noch einmal versuchen! Wenn ihr Bruder diesen Weg genommen hatte, dann sollte es auch für sie möglich sein!

Sie schaltete das Smartphone aus, um Akkuladung zu sparen. Es war klar, dass sie hier kein Ladekabel finden würde …
Sie verstaute das Handy in der Tasche ihres Kleids und krabbelte aus ihrem Versteck. Die Sonne war bereits hinter den Baumspitzen verschwunden und tauchte die Umgebung in ein schimmerndes Rot. Für diesen Sonnenuntergang schien der Himmel mit besonders kräftigen Farben experimentiert zu haben. Trotzdem wurde es nicht dunkel. Ein verwirrender Anblick.
Anna schlich wie eine Diebin durch die Wagenreihen, machte einen großen Bogen um jeden Besucher. Die eben noch blassen Sterne zeigten sich bald in einem intensiven Gelb. Anna hielt Ausschau nach der Venus, sah sie dieses Mal aber überhaupt nicht. Erst als sie sich umdrehte, entdeckte sie den Planeten an einem völlig unpassenden Ort. Um ihn herum versammelten sich fünf kleine Sterne – Anna war sicher, dass es diese Konstellation nicht gab. Eigentlich.
Sie hatte unzählige Nächte mit Jakob im Freien verbracht und sich die Sternbilder eingeprägt. Schräg seitlich erkannte sie den Großen Bären, fand jedoch nicht den Kleinen. Dafür schimmerte direkt über ihr die unverkennbare Konstellation der Kassiopeia.
Mit einem mulmigen Gefühl in der Magengrube machte sie sich auf den Weg zum Zirkusausgang. Sie musste versuchen, den Rückweg zum Quellhäuschen zu finden. Sie eilte vorbei an den Stallungen, vor denen drei Kamele angebunden waren, die im Stehen vor sich hin dösten.

Anna erreichte den Eingang, machte einen vorsichtigen Schritt auf den Durchgang im Zaun zu …
… und prallte zurück. Wieder war es, als würde sie gegen eine unsichtbare Wand laufen. Sie taumelte.
»Geht es Ihnen gut?«, hörte sie eine besorgte Frauenstimme, doch sie reagierte nicht. Sie versuchte erneut, das Gelände zu verlassen, diesmal mit vorgestreckten Händen. Sie trafen auf einen Widerstand, der Anna zurückdrückte.
Kein Zweifel, sie kam nicht raus. Aber wie war Jakob zu dem Quellhäuschen gekommen?
»Was ist mit Ihnen?«, fragte die Frau erneut.
Anna warf ihr einen flüchtigen Blick zu. »Alles bestens«, murmelte sie und eilte davon, weg von hier, wo sie wie auf dem Präsentierteller stand. Neben dem riesigen Elefantenverschlag entdeckte sie mitten auf der Wiese zwei Zirkuswagen. Sie wirkten alt und nicht mehr fahrtüchtig. Einem der Wagen, dessen rot angemalte Deichsel auf einem Ölfass lag, fehlte sogar ein Rad; aus dem Inneren hörte Anna ein Poltern. Etwas wurde über den Boden gezerrt, dann schepperte es dumpf. Anna ging auf die Hintertür zu, überlegte kurz – was, wenn Jakob sich in diesem verlassenen Wagen versteckte? Vielleicht war auch er auf diesen mysteriösen Mann getroffen und verbarg sich nun vor ihm.
Sie klopfte. »Hallo? Alles in Ordnung?«
Weder erhielt sie eine Antwort, noch gab es weitere Geräusche. Aber irgendetwas musste dort geschehen sein! Anna legte die Hand auf den Griff, der sich nur schwerfällig nach unten drücken ließ. Die Tür war nicht verschlossen. Vorsichtig schob sie sie auf. Ein übler Geruch schlug ihr entgegen. »Hallo?«
Keine Reaktion.
»Jakob?«
Im Halbdunkel entdeckte sie an der Seite ein paar Eisenstangen, davor zwei Schubkarren und gegenüber stapelten sich Gitterstreben. Es war also ein Gerätewagen. Sie wartete einen Moment, bis sich ihre Augen an das dämmrige Licht gewöhnt hatten. Mittig im hinteren Bereich stand eine Wippe, wie Anna sie einmal bei einer Zirkusaufführung mit Seehunden

gesehen hatte, die darauf ihre Kunststücke zum Besten gaben. Aber woher waren die Geräusche gekommen? Von einem Tier? Ratten vielleicht?
Sie schluckte die Enttäuschung hinunter. Für einen winzigen Moment hatte sie Hoffnung geschöpft. Gerade wollte sie die Tür hinter sich zuziehen, als sie ein Husten hörte. Sie schob die Tür ganz auf, stützte sich auf der Ladekante ab, hievte sich nach oben und in den Wagen. Im Inneren war es heiß und so stickig, dass ihr das Atmen schwerfiel.
Durch die offene Tür schnitt ein Lichtstrahl ins Dämmerlicht. Es blieb still. Der Stoff des Kleides klebte an ihrem Körper, und mit einem Mal wurde ihr klar, wie leichtsinnig sie sich verhielt. Ihr Bruder hätte sich doch längst ihr gegenüber zu erkennen gegeben. Aber sie versuchte, ihre Unsicherheit zu verbergen. »Wer ist da?«
Und tatsächlich trat jemand aus dem Schatten. »Bitte verrat mich nicht.« Vor Anna stand ein dürrer junger Mann, etwa in ihrem Alter, mit langem, kupferrotem Haar, das ihm wirr in die Stirn fiel. Er war verschwitzt und unglaublich schmutzig. »Ich bin Daniel.« Er sah Anna mit großen Augen an und lächelte zaghaft. Dabei entblößte er Zähne, die unnatürlich weiß wirkten. Er schien mehr Angst vor Anna zu haben als sie vor ihm. Im einfallenden Licht bemerkte sie eine Matratze hinter den Gitterstreben, darauf ein paar Lumpen, die wohl als Kopfkissen dienten. Daneben lagen Essensreste.
»Versteckst du dich hier?«, fragte Anna.
Er sah sie stumm an. Schließlich nickte er.
»Warum?«
»Damit er mich nicht findet!«
»Wer?«
»Der Teufel!« Es kam so abrupt aus seinem Mund, dass Anna zusammenzuckte. Er griff sich an den Hals und zog eine silberne Kette unter dem Hemd hervor, an der ein Kreuz hing. Er küsste es mehrmals. »Er darf mich nicht bekommen! Ich will nicht in die Hölle.«
»Wovon redest du?« Sie trat auf ihn zu, wollte ihn beruhigen, doch er wich ängstlich zurück.
»Ich habe ihn gesehen! Den Teufel! Er ist hier. Und er sucht mich!«
Anna rang sich ein Lächeln ab, wollte es Unsinn nennen … aber es kam ihr nicht über die Lippen. Schließlich hatte sie mittlerweile akzeptiert,

in einer Zeitschleife gefangen zu sein. Das klang genauso absurd.
»Er weiß, dass ich hier irgendwo bin. Und du – bleib weg!« Mit ausgestreckten Armen hielt er sie auf Abstand. »Stehst du mit ihm im Bunde?« Sein kariertes Hemd hatte am rechten Ärmel einen tiefen Riss und hing halb über seine Hand. Darunter lugte ein Armband wie von einer Uhr hervor.
»Mit niemandem stehe ich im Bunde«, sagte Anna langsam und pustete sich eine Haarsträhne aus dem Gesicht. »Schon gar nicht mit dem Teufel. Ich …«
»Aber er ist immer wieder da! Immer wieder!«
»Was meinst du damit?«
»Er spielt mit mir. Als wäre er die Katze und ich die Maus. Ich habe versucht, ihm zu entkommen …«
Es fiel Anna schwer, seiner Schilderung zu folgen. Er sah sie mit fahrigem Blick an und machte merkwürdige ruckartige Bewegungen mit seinem Kopf – als würde er mit Stromschlägen malträtiert. »Ich kann nicht vor ihm davonlaufen, mich nur verstecken, bis Gott mich findet und mich rettet.« Er küsste wieder das Kreuz. »Ich werde warten, bis der Herrgott mir sagt, was zu tun ist. Bis er mir den Weg weist und die Zeit weiterlaufen lässt.«
Das Letzte elektrisierte Anna. »Was redest du da von Zeit?«
»Sie ist gegen mich. Hält mich gefangen.« Er richtete den Zeigefinger auf sie. »Sie steckt mit ihm im Bunde. Mit dem Teufel. Noch hat er mich nicht gefunden. Aber das wird er bald. Irgendwann wird er mich entdecken und mich mitnehmen, in den Abgrund der Hölle, aus der er entstiegen ist.«
Zwei Dinge zumindest standen fest – er war ebenfalls in der Zeitschleife gefangen … also geschah das offenbar mehr Menschen, als Galina bisher ahnte. Schließlich wusste sie von diesem Daniel nichts, und vielleicht auch nicht von vielen anderen.
Und zweitens: Dieser Daniel war nicht ganz klar im Kopf.
Zu Annas Entsetzen machte er jetzt einen entschlossenen Schritt auf sie zu – um dann wieder die Schultern hängen zu lassen. »Ich habe gesehen, wie er aus der Tiefe emporgestiegen ist«, sagte er weinerlich. »Ich will nicht, dass er mich mitnimmt. Hörst du? Ich will nicht in die Hölle.« Er zog die Nase hoch. »Ich will doch nur nach Hause.«
»Beruhige dich.« Anna fasste nach seinem Arm.

Unvermittelt riss er sich wie ein wildes Tier von ihr los. »Ich soll mich beruhigen? Mitten in diesem Albtraum, aus dem es kein Erwachen gibt? Früher oder später wird der Teufel mich finden. Und dann …« Er schlug ein hastiges Kreuz und blickte murmelnd an die Wagendecke. »Lieber Gott, er darf mich nicht bekommen!«

Ein Geräusch von draußen ließ ihn zusammenfahren. Mit grenzenloser Angst in den Augen sah er Anna an. Die bekam selbst Panik.

»Er ist hier! Ich kann ihn fühlen. Ganz in der Nähe!«

»Daniel … leise!«

»Ich muss fliehen!« Er stürmte an ihr vorbei, sprang aus dem Wagen und rannte in Richtung des Riesenrads davon. Anna spähte aus der Tür. Zum Glück war da niemand – vor allem nicht ihr Verfolger. Vielleicht hatte ein Tier das Geräusch verursacht.

Anna blieb noch einen Moment im Eingang sitzen und dachte über die Begegnung gerade nach. Meinte dieser verwirrte Typ mit »Teufel« tatsächlich den Mann im Ledermantel? Wenn ja, gab es durchaus Grund, sich vor ihm zu fürchten.

Niedergeschlagen sprang sie vom Wagen. Anna brauchte Antworten. Schnell. Ihr fiel nur eine einzige Person ein, von der sie diese bekommen würde. Galina.

MÖCHTEST DU ANNA FOLGEN UND GEMEINSAM MIT IHR GALINA SUCHEN, DANN LIES WEITER AUF SEITE 16.

INTERESSIERT DICH, WAS ANNAS FREUNDE BEN UND ROMY DERWEIL ERLEBEN? GEHE ZU SEITE 94.

148 »Das gibt's doch nicht!«, entfuhr es Romy. »Wo sind die beiden?«

Ben schwieg. Was hätte er sagen sollen? Er wusste es genauso wenig und insgeheim wurde ihm immer mulmiger zumute. Aber das durfte er Romy nicht zeigen. »Wir finden sie, hörst du?«, sagte er schließlich in einem hilflosen Versuch, Romy zu trösten. Sie war total fertig, und dass sie auf dem Pferdekarussell erneut die Leiche eines alten Mannes gefunden hatten, machte es nicht einfacher. Im Gegenteil. Sie starrte praktisch ununterbrochen auf ihr Handy und schien zu hoffen, plötzlich doch wieder Empfang zu haben …

Eigentlich mussten sie weg von hier, die Polizei rufen, aber sie durften ihre Freunde nicht im Stich lassen.

Diese ganze Cache-Suche hatte sich zu einem einzigen Albtraum entwickelt. Ben fühlte den Drang zu schreien oder wenigstens irgendjemand die Schuld für diesen Mist zuzuschieben. Er hatte ja nach London fliegen wollen – doch er verkniff es sich. Das würde am allerwenigsten helfen.

»B-ben?«, hörte er Romys Stimme.

»Was ist?«

»Der … der Zirkuswagen hier, neben dem verrosteten Käfig.«

»Was ist damit?«

»Er sieht total verbrannt aus.«

»Und? Wird wahrscheinlich irgendwann ein Feuer gewütet haben, vor fünfzig Jahren oder so.«

»Bist du blind?«, fuhr sie ihn an.

»Was hast du denn?«, fragte er und konnte seine Gereiztheit nicht länger verbergen. Dann sollte sie sich gefälligst klarer ausdrücken. Er schämte sich für seine aggressiven Gedanken, aber man fand ja schließlich nicht alle Tage zwei Leichen und musste Freunde an einem Lost Place als vermisst melden. Da konnten durchaus die Nerven mit einem durchgehen.

»Der Wagen war vorhin noch nicht verbrannt«, erklärte Romy. »Da sah er einfach nur alt aus, wie die anderen auch.«

»Das verwechselst du«, sagte er.

»Nein, tu ich nicht. Der Wagen ist mir aufgefallen, weil er direkt neben dem Käfig stand und so eine hübsche Gardine im Fenster hing.« Sie deutete auf die Scheibe, hinter der nur eine verkohlte Gardinenstange zu sehen war.

»Dir ist schon klar, dass das nicht sein kann«, sagte Ben. »Wird ja kaum jemand gekommen sein und den Wagen ausgetauscht haben.«
Romy starrte ihn an. »Das war vor fünf Minuten, Ben! Selbstverständlich hat keiner den Wagen ausgetauscht und natürlich verwechsle ich ihn nicht – wir sitzen schließlich die ganze Zeit an der gleichen Stelle!«
Was sollte er darauf sagen? »Romy, ich … weißt du, mit mir gehen auch die Nerven durch. Komm, wir suchen weiter nach Anna und Jakob. Sie müssen irgendwo …«
»SCHEISSE!«, brüllte Romy.
»Beruhig dich, wir …« Der Rest des Satzes blieb Ben im Hals stecken. Er wusste, was Romy nun völlig aus der Fassung brachte. Der Zirkuswagen, der eben noch verbrannt gewesen war … wies keine Spuren eines zurückliegenden Feuers mehr auf.
Und hinter dem Fenster hing eine schmutzige, aber sehr hübsche Gardine.

LIES WEITER AUF **SEITE 84**, UM ZU ERFAHREN, WIE ES BEI ANNA WEITERGEHT.

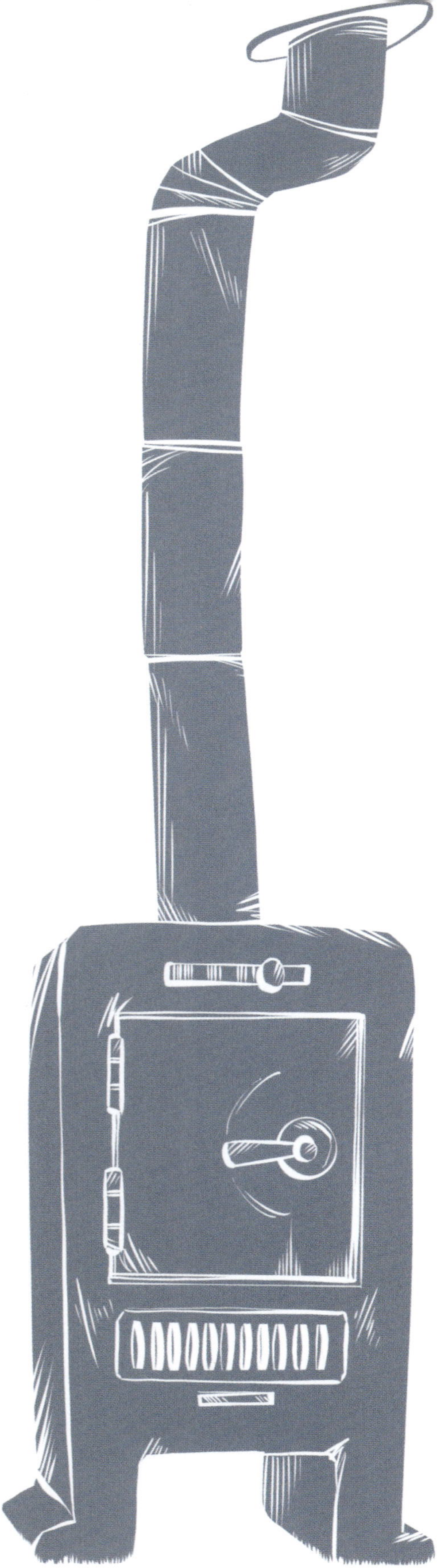

150

Anna kniete sich vor den rußigen Ofen und öffnete die Klappe.
»Was denkst du?« Romy sah Anna verwirrt an. »Dass sie die Kombination im Bollerofen versteckt hat?«
Anna steckte den Arm bis zum Ellbogen in die Feuerluke. »Warum nicht. Das wäre doch kein schlechtes Versteck.«
Romy runzelte die Stirn. »Dann hätte sie ihn nie anzünden können!«
Anna ignorierte diesen durchaus berechtigten Einwand und tastete das Innere des Ofens ab. Unter den Fingerkuppen spürte sie Rußpartikel. Einige lösten sich, wirbelten umher bis in ihre Nase, was sie heftig zum Niesen brachte. Sie zog die jetzt rußschwarze Hand zurück und sah ihre Freundin enttäuscht an. »Da drin ist nichts. Absolute Fehlanzeige.«

IM BOLLEROFEN BEFINDET SICH LEIDER KEIN HINWEIS AUF DIE KOMBINATION.
GEHE ZURÜCK ZU SEITE 132.

152 Anna zögerte keinen weiteren Augenblick. Wieder verstaute sie die Tagebuchseiten in der Tasche ihres Kleides und ging los.

Auf dem Hauptweg strömten bereits unzählige Menschen in Richtung des großen Zeltes, wo in Kürze die Vorstellung beginnen würde. Anna hatte Mühe, sich einen Weg durch sie zu bahnen. Sie war die Einzige, die die entgegengesetzte Richtung einschlug.

Der Hinweis, den sie auf Galinas Karte entziffert hatte, führte sie geradewegs zu den Fahrgeschäften. Das Riesenrad überragte alles. Es ging vorbei an einem Drehorgelspieler, und dann stand sie neben einem Pferdekarussell und nahm noch einmal die gezeichnete Karte zur Hand.

Irgendwo in der Nähe sollte sich der geheimnisvolle Ort befinden. Doch wo gab es etwas, das sich von der Umgebung abhob, das in irgendeiner Weise nicht zu den Fahrgeschäften passte und zudem die Form eines Sterns hatte?

Ihr Blick scannte jedes Detail rundum. Sie schritt am Karussell vorbei, näherte sich einer Handvoll Wagen, einer Losbude und einer Attraktion, bei der zwei Kinder in einem Becken schwimmende Plastikenten angelten und einen Mordsspaß zu haben schienen. In der Nähe waren noch weitere Kinder – sie sprangen herum und kreischten fröhlich. Anna sah die drei, denen sie Jakobs Smartphone weggenommen hatte. Sie liefen direkt an ihr vorbei, schenkten ihr jedoch keinerlei Beachtung.

Natürlich – aus ihrer Sicht hatten sie Anna nie gesehen …

Anna passierte die Losbude und befand sich nun am äußeren Rand des Zirkusareals. Dichter Kirschlorbeer, der weit übermannshoch wuchs, bildete eine natürliche Abgrenzung. Von einer Hütte oder einem sonstigen Versteck fehlte jede Spur.

Hatte sie die Hinweise falsch gedeutet? Sie kickte den Kies über den Schotter, sah zu, wie die kleinen Steinchen sich aus einer staubigen Wolke lösten und ein Stück weit flogen. Eines landete auf einem Kanaldeckel vor einem der Büsche.

Anna stutzte. Das war es! Der Stern auf der Karte … sie sah ihn nun in der Realität vor sich, denn es handelte sich um einen Kanaldeckel mit sternförmiger Prägung.

Rasch blickte sie sich um, ob niemand sie beobachtete. Dann beugte sie sich zu dem Deckel hinunter.

Er war ungefähr doppelt so groß wie ein normaler Gullydeckel und bestand aus fünf Dreiecken, die sternförmig zusammenliefen. Die Nabe in der Mitte war mit einem Plombenverschluss gesperrt. Eigentlich.
Denn dieser Verschluss fehlte.
Anna versuchte, eine der Klappen zu öffnen – sie war so verflucht schwer, dass sie das Stück kaum hochwuchten konnte. Aber sie schaffte es. Die Dreiecksplatte klappte an den Scharnieren nach außen, bis sie senkrecht in die Höhe zeigte. Ein abstoßender Geruch von Brackwasser und Unrat schlug Anna entgegen. Sie hielt sich die Nase zu und atmete durch den Mund, während sie sich dazu zwang, einen Blick in die Öffnung zu werfen. Stufen einer stählernen Wendeltreppe wanden sich in engen Bahnen in den Abgrund. Sie zog nacheinander auch die restlichen Klappen auf, zündete mit einem der Streichhölzer die Petroleumlampe an und leuchtete hinein. Schwach erkannte sie das Ende der Wendeltreppe. Wenigstens das.
Sie begann den Abstieg, auch wenn ihr vor dem dunklen Loch grauste. Es war ein ungutes Gefühl, von der Dunkelheit verschluckt zu werden. Das schwache, orangefarbene Licht ihrer Lampe spendete kaum Trost.
Als Anna endlich unten ankam, fand sie sich in einem gemauerten Tunnelgewölbe aus gelbem Backstein wieder. An den Gestank hatte sie sich mittlerweile fast gewöhnt, sie nahm ihn kaum mehr wahr.
Sollte sie nach rechts oder nach links gehen? Anna entschied sich für den linken Abschnitt, stellte aber fest, dass dieser bald vor einem Gitter endete. Sie leuchtete mit der Lampe nach vorn und machte hinter den dicken Eisenstreben eine Art unterirdisches Auffangbecken aus. Das Rauschen von Wasser und leises Quieken schien von allen Seiten zu hallen. Leuchtete sie jedoch in die Richtung, in der sie die Laute ausmachte, sah sie nur davonhuschende Schatten. Ratten, dachte sie angewidert.
Egal – sie musste ohnehin in die andere Richtung.
Anna war Galina unendlich dankbar für die Lampe. Nie und nimmer hätte sie sich in vollkommener Dunkelheit hier entlanggetraut. Auch so war ihr Nervenkostüm mittlerweile dünn und sie zuckte beim kleinsten Geräusch zusammen. In der Mitte des steinernen Tunnels stand in einer Vertiefung ein Rinnsal aus stinkendem Brackwasser. Sie hielt sich dicht an der Backsteinwand, ohne diese zu berühren.

Alles war nass und klamm und der Betonboden so glitschig, dass sie bei jedem Schritt aufpassen musste, nicht auszurutschen.
Je länger sie ging, desto deutlicher wurde, dass dieser Teil der Entwässerungsanlage nicht mehr in Betrieb war. Immer wieder musste sie über heruntergestürzte Backsteine klettern, die sich von der gemauerten Decke gelöst hatten.

Der Weg endete vor einer stählernen Tür, deren beigefarbener Lack großflächig abgeblättert war.
Diese Tür passte in keiner Weise in die Kanalisation. Nicht dass Anna eine Fachfrau für historische Kanalisationen gewesen wäre, doch für sie deutete alles darauf hin, dass jemand sie nachträglich eingebaut hatte.
Plötzlich fragte sie sich, was sie tun sollte, wenn der Unheimliche sie hier unten fand. Wenn er ihr auflauerte.
Sie zwang sich zur Ruhe. Die letzten Male hatte er sie beim Start der neuen Zeitschleife auf dem Zirkusgelände und der Waldlichtung gejagt. Bestimmt vermutete er sie weiterhin in Nähe des Quellhäuschens – dort, wo Jakob gefangen war. Darum würde sie hier unten in Sicherheit sein.
Oder?
Darüber nachzudenken war müßig – es gab kein Zurück, wenn sie sich und ihren Bruder aus diesem Albtraum retten wollte. Was auch immer sie hinter dieser Tür vorfinden würde, sie musste Galinas letztem Hinweis vertrauen.
Also nahm sie all ihren Mut zusammen und legte die Hand auf die Türklinke.
Überraschenderweise schwang die Tür quietschend auf. Dahinter lag etwas, das sie mitten in der Kanalisation nicht erwartet hätte.
Ein eingerichteter Raum.
Die Wände bestanden auch hier aus gelbem Backstein. Dicke, gusseiserne Rohre kamen daraus hervor und verschwanden wieder in der sicher drei Meter hohen Decke. Ein tiefes Summen hallte durch den Raum. Ein dumpfer Ton, gleichbleibend und so vage im Hintergrund, dass sie sich darauf konzentrieren musste, um ihn wahrzunehmen. Sie konnte nicht bestimmen, wo er herkam, er schien allgegenwärtig.
Anna sah sich um. War dies etwa ein weiteres Auffangbecken, das jemand zu einer Art Arbeitszimmer – ein anderes Wort wollte ihr partout nicht einfallen – umfunktioniert hatte?

An den Wänden standen Metallregale und halbhohe Schränke, auf denen sich merkwürdige Objekte tummelten. Im begrenzten Schein ihrer Lampe nahm sie immer nur Ausschnitte des Raumes wahr, von dessen gesamter Größe sie sich noch kein Bild machen konnte. Ihr Blick fiel auf einen hölzernen Schreibtisch, vor dem ein Lederstuhl stand. An freien Wandflächen hingen Plakate und Poster mit schematischen Zeichnungen.
Für ihr laienhaftes Auge wirkten sie wie Skizzen, die ein Ingenieur von einer Maschine anfertigen würde. Rund um den Schreibtisch lagerten Papierrollen.
Auf dem Tisch lagen einige lose Blätter – offenbar arbeitete ihr Feind momentan damit. Anna leuchtete darauf, doch die Seiten waren leer. Das Licht reflektierte darauf, brach sich in einem Strahl, der auf eigenartige Weise rot und dunkelblau schimmerte wie der Teil eines Regenbogens.
Anna berührte das Papier. Es fühlte sich fremdartig an, eher wie Glas oder kühles Metall. Die Stelle, die sie berührt hatte, verfärbte sich bunt. Sie strich in einer raschen Bewegung über die gesamte Fläche. Ihre Fingerspitzen zogen gelbe und rötliche Schlieren mit, die sich sogleich wieder auflösten. So etwas Seltsames hatte sie noch nie gesehen.
Anna hob die Petroleumlampe hoch und schwenkte sie durch den Raum. Einige der Gegenstände in den vollgestopften Regalen bestanden aus Glas oder einem ähnlichen Material, andere wirkten metallisch oder hölzern. Aber Anna hätte nicht sagen können, um was es sich handelte.
Nichts davon kam ihr auch nur entfernt bekannt vor, abgesehen von etlichen Flaschen Wasser, die in dieser Umgebung wiederum unpassend normal aussahen …
Sie näherte sich einem der Regale. Die Wand rundum war vollgeschrieben, Wörter und Sätze in unterschiedlichen Sprachen in den Stein geritzt.
DIE ZEIT, DIE WIR UNS NEHMEN, IST DIE ZEIT, DIE UNS ETWAS GIBT.
Sie las den Satz leise vor sich hin murmelnd.
Auf einem anderen Backstein stand:
WIR HABEN GENUG ZEIT, WENN WIR SIE NUR RICHTIG VERWENDEN.
So ging es weiter. Jeder kleinste Fleck war mit Wörtern bedeckt, manche Sprüche in so großen Buchstaben, dass sie über mehrere Steine reichten, andere so winzig, dass Anna die Augen zusammenkneifen musste, um sie lesen zu können. Alle befassten sich mit dem Thema Zeit.

Kurz darauf fing das Lampenlicht eine Uhr ein – falls es sich um eine Uhr handelte. Der gewohnte Anblick täuschte offenbar, denn die Zeiger bewegten sich rasant über das Ziffernblatt, und die Zahlen – zwar wie bei einer normalen Uhr angeordnet – zeigten sicher nicht die Uhrzeit an.

Anna trat näher und bemerkte neben der Uhr eine weitere Tür. Hier war das allgegenwärtige Summen stärker, sie hörte es nicht nur, sondern spürte es. Als dränge es durch die Tür, um sich in ihrem Kopf einzunisten.
Aus den Türritzen sickerte ein Hauch von Licht, schwach, aber aus der Nähe eindeutig erkennbar. Anna legte eine Hand auf den Türrahmen und fühlte ein Vibrieren an den Fingerkuppen, rhythmisch und dumpf, wie das Pochen ihres Herzschlags und gleichzeitig fremdartig und abstoßend. So mochte sich der Herzschlag eines Monsters anfühlen.
Die Tür war mit Stahlnieten versehen und wirkte überaus robust. Allerdings gab es keinen Knauf oder eine Klinke. Stattdessen hing dort ein Gemälde – ein abscheuliches Bild, das Annas Unbehagen nur noch mehr steigerte. Obwohl es so schauderhaft war, sah sie es sich im Lichtschein genau an und las die Worte darauf. Zumindest vom Hörensagen kannte sie das Gedicht von Dantes Inferno – ein klassisches Werk der Literatur. Auch Horrorschriftsteller wie Stephen King hatten sich gerne daran bedienten, um ihre modernen Schreckensszenarien zu schildern.
Ob dieses Bild ein Geheimnis barg, mit dem sich die Tür würde öffnen lassen?

DANTES NEUN
KREISE DER HOELLE
KUENSTLER: UNBEKANNT

Und jetzt?
Anna nahm das Bild ab und entdeckte eine verborgene Zahl. Sofort kam ihr die Idee, dass sie diese Zahl auch auf der verrückten Uhr finden könnte, aber das war nicht der Fall. Trotzdem war sie überzeugt, dass beides irgendwie zusammenhing …

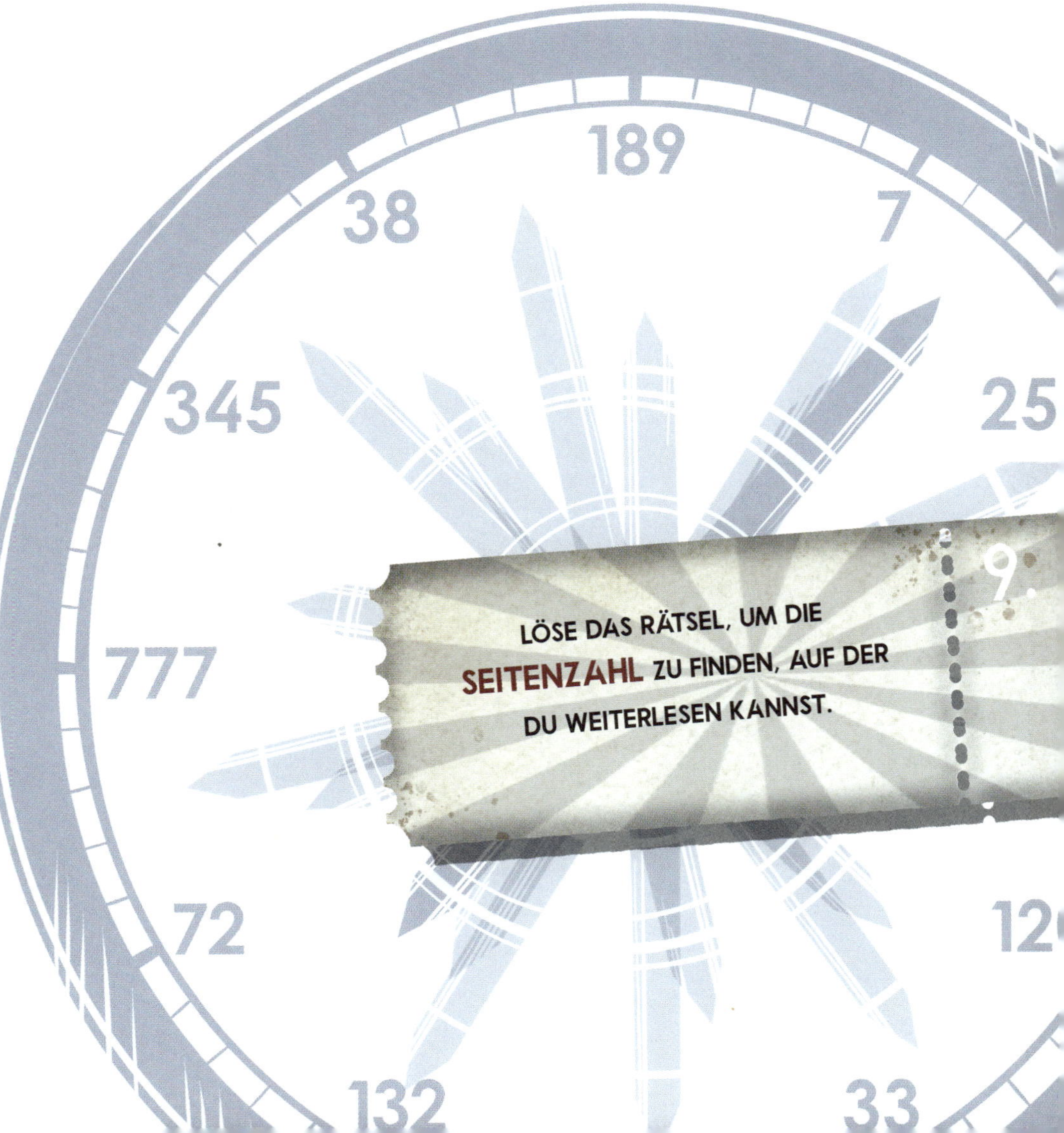

161

Kaum hatte sie die Kästen in der korrekten Reihenfolge angetippt, veränderte sich wieder etwas. Das karierte Muster verschwand vor Annas Augen und erneut kam das Eisengeflecht am Rand zum Vorschein, verfestigte sich und bildete wieder die verschnörkelten Ornamente. Anna hielt den Atem an. Es klickte.

Die Tür sprang auf, wie von Geisterhand.

»Jakob, ich komme!«

Sie drückte die Tür auf. Ein gleißender Lichtstrahl, der in bunten Farben schillerte, blendete sie. Reflexartig schloss sie die Augen.

»Anna!«

Sie hörte Jakobs Stimme, doch sie klang so schwach und leise, dass sie sich fragte, ob er es wirklich war – oder ob sie sich aus lauter Verzweiflung etwas vormachte.

»Hilf mir … bitte!«

Sie zwang sich dazu, trotz der gleißenden Helligkeit die Augen zu öffnen. Der Raum war in pulsierendes Spektrallicht getaucht, dessen bloßer Anblick ihr den Magen umdrehte. In der Mitte, dort, wo sie erst kürzlich die Pumpe gesehen hatte, quoll es in einem dicken Strahl aus dem Boden, bündelte sich und schoss hinauf zur Decke. Ganz ähnlich wie in dem zweiten Geheimraum in der Kanalisation … dem Raum, der wahrscheinlich direkt unter ihnen lag, viele Meter tief.

Aber wo war Jakob?

»Ich habe … keine Kraft«, hörte sie ein so gequältes Stammeln, dass sich ihr Herz schmerzhaft zusammenzog.

Es kam aus der Röhre aus Licht!

Sie zwang sich, dorthin zu sehen, und erkannte eine Gestalt hinter dem Gleißen, kaum mehr als eine Silhouette, die sich schwach von dem grell leuchtenden Hintergrund abhob.

Ungeachtet der Schmerzen und des Widerwillens ging sie näher. Spielte ihr Verstand ihr einen Streich? Jakob schien in der Lichtsäule zu schweben, die Füße einen halben Meter vom Boden entfernt, die Arme zur Seite gestreckt, als hätte man ihn an unsichtbaren Schnüren aufgehängt. Sie versuchte, sein Gesicht auszumachen, doch das Licht war zu grell. Tausende Sterne explodierten vor ihren Augen, eine winzige Supernova nach

der anderen, die ihre gleißenden Strahlen direkt in ihr Gehirn abfeuerten. Ihr drohte der Schädel zu platzen.
Sie wollte hier raus, nur weg. Aber Jakob … wie entsetzlich musste es sein, das bereits seit Stunden – oder Tagen? – auszuhalten?
Entschlossen ging sie einen weiteren Schritt vor, streckte den Arm aus, tauchte ihn in den Lichtkegel. Es fühlte sich an, als würde sie in lodernde Flammen fassen. Sie schrie, hielt dem Schmerz aber stand, bis sie ihren Bruder berührte. Sie krallte sich in den Stoff seines Shirts, ballte ihre Hand zur Faust und zerrte mit aller Kraft an ihm.
»Du musst mir helfen«, schrie sie. Es fühlte sich an, als müsse ihr Arm verbrennen. Sie erinnerte sich an den brennenden Arm ihres Feindes, mit dem er sie gepackt hatte. »Allein schaffe ich es nicht.«
»Kann … nicht.«
Anna aktivierte ihre letzten Reserven und zog, so fest sie konnte. Die Lichtsäule wollte seinen Körper nicht freigeben. Mit einem Mal senkte ihr Bruder die Arme und umfasste ihre Hand. Dort, wo er sie berührte, spürte sie eine eisige Kälte.
Ein letzter kräftiger Ruck, und sie fiel zu Boden. Jakobs Griff löste sich von ihr. Sie knallte rücklings auf, und mit einem dumpfen Schlag landete ihr Bruder auf ihr. Nach Atem ringend schloss sie die Arme um ihn. Sie hatte es geschafft, er war da! Fassungslos vor Glück drückte sie ihn an sich.
Sein Mund war nah an ihrem Ohr, er ächzte und versuchte, etwas zu sagen. »Fort … nicht sicher.« Er drehte sich weg von ihr, blieb kraftlos liegen.
Anna stemmte sich hoch. »Wir müssen aufstehen«, forderte sie. »Wir schaffen das. Gemeinsam kommen wir hier raus.« Sie suchte seine Hand, drückte sie. Er erwiderte den Händedruck. Doch etwas daran fühlte sich falsch an. Sein Arm lag im Schatten seines Körpers, weshalb sie ihn trotz des grellen Leuchtens klar erkennen konnte. Die Adern traten dick hervor, die Haut selbst war … knittrig. Fleckig.
Sie quälte sich auf die Füße, zog ihren Bruder hoch, schob ihn vor sich her in Richtung Ausgang. Draußen dämmerte es bereits.
Mit einem Knall schlug sie die Eisentür hinter sich zu, sperrte das kranke, bunte Licht ein. Sie wollte nur noch weg von hier, aber als sie ihren Bruder nun erstmals deutlich sah, verschwamm plötzlich alles vor ihren

Augen. Die Welt begann sich zu drehen, ihre Knie knickten ein, sie glaubte, ohnmächtig zu werden. In ihrem Hinterkopf wummerte es. Sie fühlte einen Schlag, als sie auf dem Boden landete, aber sie nahm ihn gar nicht richtig wahr.

Nicht ohnmächtig werden, ich darf nicht ohnmächtig werden!

Sie schloss kurz die Augen, atmete tief durch.

Jetzt!

Sie setzte sich auf. Im Restlicht, das durch die hohen Baumkronen fiel, sah Jakob sie aus unendlich müden Augen an. Tiefe Furchen durchzogen sein Gesicht. Dunkle Flecken sprenkelten die Haut. Wo heute Morgen noch sein blonder Haarschopf gewesen war, hatte sich das Haar weit zurückgezogen und hing in dünnen, grauen Strähnen herab.

Er war alt.

Ein Greis.

Ja, womit füttert man wohl eine künftige Zeitmaschine?, glaubte sie zu hören.

Ihr Magen krampfte, sie übergab sich.

Mit Zeit natürlich!

»Du …« Sie brach ab, weil ihr die Worte nicht über die Lippen kommen wollten. Zitternd wischte sie sich mit dem Saum ihres Kleids den Mund ab. Ihr war eiskalt geworden.

Jakob sah sie verwirrt an. Langsam hob er die Hände, legte sie auf sein Gesicht, betastete sich.

Er weiß es nicht, begriff Anna.

»Was ist …?«, kam es rau über seine spröden, bläulich verfärbten Lippen. Er hielt sich die Finger vor die Augen, in denen plötzlich pures Entsetzen geschrieben stand. Kraftlos ließ er die Arme sinken. »Ich bin – ein alter Mann! Was hat er mit mir da drin gemacht?«

Seine Zeitmaschine gefüttert, dachte sie, schwieg aber.

Stattdessen ging sie auf ihn zu und umarte ihn. »Wir müssen los. Er kann jederzeit hier auftauchen.«

Aber diesmal würde sie nicht fliehen.

Diesmal würde sie ihn töten.

»Ich konnte es spüren, weißt du?« Langsam hob er die Hand und deutete auf die Tür. »Ich habe gespürt, wie ich mich verändere.

Aber ich habe es nicht verstanden. Er … er hat mir Jahre genommen.« Tränen quollen ihm aus den Augenwinkeln. Seine Stimme wurde zu einem Krächzen. »Hat das Leben aus mir herausgesaugt.«
»Wir bringen das wieder in Ordnung, hörst du!« In einer schnellen Bewegung bekam sie seinen Arm zu fassen. »Wir beide schaffen das! Er hat eine Maschine, ein …« Sie brach ab, fand keine Worte. War das Ding in der Kanalisation tatsächlich eine gegenständliche Maschine gewesen? Und schon gar nicht wusste sie, ob sie Jakob helfen konnte. Selbst Galina war fort und konnte ihr keinen Rat mehr geben. »Wir müssen jetzt los«, drängte sie, »sonst ist alles zu spät.«
Sie hatte ihren Bruder zurück. Er lebte. Darauf musste sie sich konzentrieren, auf diesen Erfolg. Doch noch ehe sie losgegangen waren, spürte sie, dass etwas nicht stimmte. Sie horchte. Der Wald lag schweigend vor ihr. Die Grillen waren verstummt. Kein einziger Vogellaut erklang aus den Astkronen der majestätischen Bäume.
Dafür vernahm sie ein anderes Geräusch. Schritte, die sich durchs Unterholz kämpften. Äste knackten, trockenes Laub knisterte. Auch ihr Bruder legte den Kopf schief und lauschte. Doch sein Blick zeigte Verwirrung, so als könne er die Geräusche, die an sein Ohr drangen, nicht genau orten. Anna hingegen verstand nur zu gut, was vor sich ging. Ihr Feind war nah. Viel zu nah.
Und dann sah sie es. Etwas Dunkelgraues pflügte durch das Unterholz – und gab ein Grunzen von sich.
»Ein Wildschwein«, entfuhr es ihr, ebenso erleichtert wie fassungslos. Die schnüffelnde Schnauze schob sich hinter einem Stamm hervor, kleine Äuglein richteten sich auf Anna und Jakob. Eine Sekunde verstrich. Zwei Sekunden. Dann zog sich das Tier zurück, das Geraschel der Hufe im trockenen Laub entfernte sich.
»Los jetzt«, flüsterte sie ihrem Bruder zu. Gerade wollten sie sich in Bewegung setzen, als ein ohrenbetäubendes Quieken die Luft zerschnitt. Vögel flatterten auf und stoben aus den Baumkronen.
Genau an der Stelle, an der eben noch das Schwein seine Schnauze herausgestreckt hatte, sprang ein dunkler Schatten auf die Lichtung, in der Hand ein blutiges Messer.

Ihr Feind ließ den Blick umherschweifen – ein Jäger auf der Suche nach seiner Beute.
Jakob verkrampfte sich und gab ein dumpfes Wimmern von sich. Anna zog ihren Bruder an sich. Es gab nur eine einzige Möglichkeit, sich zu verstecken. Obwohl sich alles in ihr dagegen auflehnte, blieb ihnen keine Wahl. Mit der freien Hand drückte sie die schwere Eisentür auf und schob erst Jakob, dann sich selbst ins Innere des bunt erleuchteten Quellhäuschens. Sie schloss die Tür so leise wie möglich, lehnte sich dagegen und hob die Hände vor die Augen, um sich vor dem kranken Licht zu schützen.
Es pulsierte, und auf unbestimmte Weise kam es Anna vor, als verlange es ihren Bruder zurück, der ihm gestohlen worden war.
Sie lauschte nach draußen, glaubte zu hören, wie ihr Feind näher kam, aber das Wummern der Lichtröhre konnte ihr genauso gut einen Streich spielen.
Etwas pochte gegen die Tür.
Er war da.
Mit Jakob an der Hand machte sie einen Schritt rückwärts, weiter hinein ins Innere des Quellhäuschens. Sie achtete darauf, nicht mit dem Lichtkegel in Berührung zu kommen. In ihrem Nacken breitete sich eine Gänsehaut aus, es war, als würde das Licht mit langgliedrigen Fingern ihren Rücken entlangstreichen.
Sie unterdrückte die Panik, die sie mit sich reißen wollte. Etwas schabte über die Oberfläche der Tür. Ihr Gegner musste direkt davorstehen. Ihr Bruder stieß einen erstickten Laut aus.
Es hämmerte erneut gegen die Tür. Fest und so laut, dass Anna die hallenden Schläge in ihrer Magengrube spürte. Dann flog die Tür nach innen auf. Ihr Feind trat ein, das blutverschmierte Messer in der Hand. Diesmal trug er den Ledermantel nicht – natürlich nicht, der war den Flammen zum Opfer gefallen. In seinem Gesicht erkannte Anna rötliche Verbrennungen. Sie nässten. Ein Stück der Oberlippe fehlte, sein Haar war angesengt. In den Augen glommen Irrsinn und dunkelster Zorn. »Genug«, sagte er und stürzte vor.
Mit einem Sprung zur Seite konnte Anna seiner Attacke entkommen, doch dafür griff er sich Jakob und versuchte, ihn zurück in den Lichtkegel zu zerren.

Ohne nachzudenken trat Anna mit voller Wucht gegen seine Messerhand. Die Waffe flog ihm aus den Fingern, landete klirrend auf dem Boden. Anna schlug mit den Fäusten auf ihn ein, würgte ihn, bis sie ein ersticktes Gurgeln hörte.

Er warf sich zur Seite, presste sie gegen die Wand. Doch sie ließ nicht locker, drückte weiter seine Kehle zu. Nie hätte sie gedacht, dass sie über solche Kräfte verfügte. Doch dann ließ er sich ruckartig fallen und riss sie mit sich. Er drehte sich, landete auf ihr. Sein Gewicht drückte ihr die Luft aus den Lungen; ihr Griff löste sich. Ihr Feind kam auf die Füße, wankte einige Schritte weg, auf die Lichtsäule zu. »Es ist genug«, wiederholte er, und aus seiner zerschundenen Oberlippe rann ein Speichelfaden. »Ihr seid … lästig.«

»Wir sind dein Albtraum!«, spie sie ihm entgegen. »Und wir werden …«

Die Worte blieben ihr im Hals stecken, als Jakob sich auf ihn stürzte. Er rammte ihn, sodass ihr Feind rückwärts in die Lichtsäule stolperte. Sofort begann er zu schweben – wie zuvor Jakob. Seine Hände hoben sich nach oben, als wolle er etwas umarmen. Er schrie, vor Schmerzen, Fassungslosigkeit oder Entsetzen.

Vor Jakobs Füßen lag das blutverschmierte Messer. Er hob es auf und stieß den Arm in den Lichtkreis, und als er es zurückriss, tropfte frisches Blut herab. Jakob stach zu, wieder und wieder.

Das Licht wurde noch greller, noch bunter – Farben, wie Anna sie nie zuvor gesehen hatte. Blut strömte aus dem Leib ihres Feindes, und Helligkeit kroch in ihn hinein. Seine Schreie vermischten sich mit dem allgegenwärtigen Wummern, er stieg höher, wurde vor und zurück gerissen, als zerrten unsichtbare Kräfte an ihm.

Jetzt strömte Licht aus seinem Mund, seinen Augen und bald brach es aus einem Loch in seiner Brust heraus. Es erleuchtete seine fratzenhaften Züge, sein Mund war zu einem stummen Schrei verzerrt. Die Glieder erschlafften, wie bei einer Marionette, der man die Schnüre kappt.

Anna konnte den Blick nicht von dem entsetzlichen, bizarren Geschehen abwenden, auch wenn das Licht in ihren Augen schmerzte. Etwas tastete nach ihrer Hand, und nun versuchte ihr Bruder, sie mit sich zu ziehen.

Das Licht fraß ihren Feind auf. Er wurde durchscheinend.

Gab es den rechten Arm überhaupt noch?
Plötzlich zuckte ein Blitz auf und ein Schlag traf Annas Brust. Sie taumelte rückwärts. Dann folgte ein ohrenbetäubender Knall. Eine Explosion? Oder entstammte das Geräusch ihrem Kopf?
Die Helligkeit stieg ins Unerträgliche. Der Rest ihres Feindes schmolz wie im Kern einer Sonne.
Die Lichtsäule pumpte sich auf – und zog sich dann in den Boden zurück. Dunkelheit umgab sie.
Anna sah immer noch Funken und Sterne sprühen, zu sehr hatte sich das Licht in ihre Netzhaut eingebrannt. Sie brauchte eine Weile, bis sie in der Schwärze einzelne Schemen ausmachte.
Dort, wo die Lichtröhre gewesen war, stand die Pumpe, die glänzte wie eine gerade frisch eingebaute Maschine. Aber sie arbeitete nicht, und es gab weder den leuchtenden Strom noch normales Wasser, das sie befördern konnte.
Annas Körper zitterte, sie stand unter Schock.
Gemeinsam mit Jakob wankte sie ins Freie. Draußen hörten sie aus der Ferne eine leise Melodie.
»Wir müssen los!«, sagte Jakob. Mit einem Mal schienen seine Lebensgeister erwacht zu sein. »Es bleibt nicht viel …« Er stockte. »Nicht viel Zeit.«
»Wohin?«
»Ich weiß, wie wir hier rauskommen. Du musst mir jetzt vertrauen, hörst du?« Er ging los, zurück in Richtung Zirkus.
»Da war dieses Mädchen«, sagte er. »Ich konnte sie nicht sehen, sie kam nicht zu mir hinein, aber ich habe ihre Stimme gehört … vor der Tür des Quellhäuschens. Zunächst dachte ich, dass du es wärst.«
»Galina«, sagte Anna.
»Ja … ja, so nannte sie sich.«
»Ich kenne sie. Kannte sie«, verbesserte sie sich. Es gab keine Galina mehr; sie war zum letzten Opfer des unheimlichen Zeitreisenden geworden, auch wenn sie sich selbst gerichtet hatte.
Anna kam ins Straucheln, als sie über einen Stein stolperte, der sich im hohen Gras versteckte, doch ihr Bruder hielt sie unbeirrt fest. »Wir müssen uns beeilen«, sagte er, «es hat bereits begonnen!«

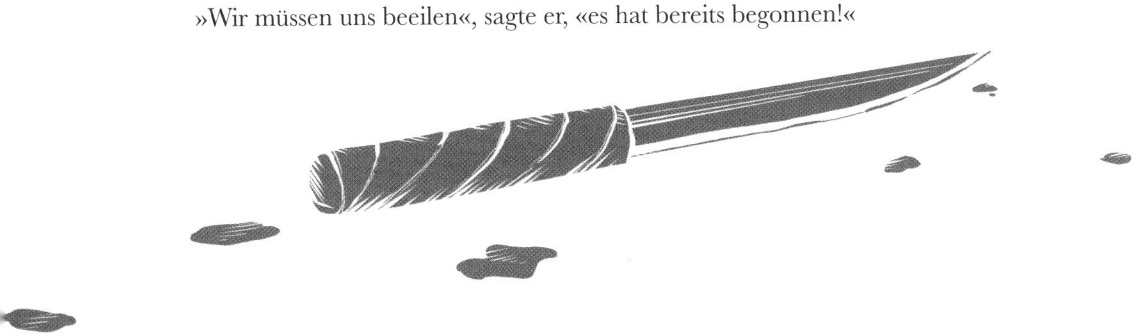

Sie wusste, was er meinte. Die Melodie. Das Ende dieses Durchgangs …
Er beschleunigte seine Schritte, und bei jedem Atemzug kam ein Rasseln tief aus seinen Lungen. Dicke Schweißperlen standen ihm auf der Stirn, auf der die dünnen Haarsträhnen klebten. Obwohl ihn der schnelle Marsch sichtlich anstrengte, gab er nicht auf, bis sie endlich das Zirkusgelände erreichten.
Jakob führte sie direkt zum Zirkuszelt. Er sah furchtbar müde aus, sein alter Körper war am Ende seiner Kräfte, aber in seinen Augen lag ungebrochener Tatendrang.
Der Glanz darin war der eines euphorischen Kindes.
»Wir müssen durch den Seiteneingang«, sagte Anna, und nun übernahm sie die Führung. »Salto mortale«, nannte sie die Losung, und sie konnten hinein. Das Orchester spielte laut.
Treibende Bläsersätze und rhythmisches Getrommel.
»Komm!« Jakob nahm wieder ihre Hand.
Die Leute im Publikum schauten gebannt hinauf zur Trapezplattform. Auch Anna hob den Kopf, in gedankenloser Erwartung, Galina zu erblicken, die ihrem großen Höhepunkt entgegenfieberte.
Statt der Artistin stand jedoch ein Mann dort oben auf, der den Zuschauern winkte. Das war der endgültige Beweis. Galina war fort.
Tot.
Sie hatte aufgegeben, um dem Irrsinn auf ihre Art zu entkommen.
Aber … wenn sie aufgegeben hatte, was hatte sie dann Jakob erzählt? Was konnte sie ihm schon gesagt haben, wenn sie für sich den einzigen Ausweg in Selbstmord gesehen hatte?
Ihr Bruder kletterte jetzt über die Absperrung der Manege und stapfte weiter in Richtung der Plattform. Der gesamte Manegenbereich lag im Dunkeln, was seinem Vorhaben zugutekam. Sämtliche Scheinwerfer waren nach oben gerichtet.
Jakob erklomm die ersten Stufen der Leiter. Anna, die ihm gefolgt war, blieb entsetzt stehen. »Was hast du vor?«
Er sah sie ernst an. »Du musst mir vertrauen. Bitte. Nur noch dieses eine Mal.«
Anna zögerte. In ihrem Kopf dröhnten die Trompeten. Die Bläser standen auf dem Podium über dem Einlass und versuchten sich gegenseitig zu übertrumpfen.

»Uns bleibt keine Zeit mehr«, hörte sie die drängende Stimme ihres Bruders, die so rau und anders und doch vertraut klang.
Sie stellte ihren Fuß auf die unterste Sprosse.
Jakob lächelte, dann begann er mit dem Anstieg. In schwindelerregender Höhe war die Leiter mit der Hauptstrebe vernietet.
»Galina kannte keinen Weg aus der Zeitschleife«, sagte Anna, während sie ihrem Bruder folgte. Sie wusste selbst nicht, warum sie das tat – weil sie doch noch eine winzige Hoffnung hegte? Oder weil sie ihn stoppen wollte?
»Doch«, sagte Jakob.
»Sie hat sich umgebracht! Klingt das für dich nach einem echten Ausweg?«
Vor Erregung rutschte Annas Fuß ab. Plötzlich mussten ihre Arme ihr ganzes Gewicht tragen. Hastig tastete sie mit den Füßen nach Halt.
Ihr Herz hämmerte.
Jakob erklomm Stufe für Stufe. Jede Bewegung wirkte unsicher, doch er ließ sich nicht beirren. »Vertrau mir!«
Anna folgte ihm. Bald war die Manege nur noch ein kleiner Fleck weit unter ihnen. Grelles Licht schoss ihr in die Augen, als einer der Scheinwerfer sich von dem Podest oben löste und sie und ihren Bruder einfing.
»Stopp!«, hörte sie eine laute Stimme. »Kommen Sie sofort runter!«
»Weiter!«, herrschte Jakob sie an. »Scher dich nicht darum.«
Annas Puls raste, vor Aufregung und Anstrengung. Unten wedelten eine Handvoll Männer wütend mit den Armen und schrien etwas, doch die Musik war zu laut, um sie zu hören. Einer machte sich auf den Weg, ihnen zu folgen.
»Wir sind gleich da«, sagte Jakob.
Anna zwang sich dazu, nicht mehr nach unten zu schauen, schon gar nicht über einen Absturz nachzudenken. Dennoch sah sie Galina vor ihrem inneren Auge fallen, sah ihren Tod.
Der Akrobat, der Galinas Rolle eingenommen hatte, bereitete sich auf seine Nummer vor, die Abschlussdarbietung der Vorstellung. Endlich erreichte Jakob die Plattform und stieg darauf. Anna beeilte sich. Als sie ebenfalls am Ziel ankam, stand der Akrobat völlig eingeschüchtert auf der Plattform und wusste nicht, wie ihm geschah.

Auch das Publikum hatte mittlerweile erkannt, dass diese Einlage nicht zur Show gehörte. Manche jubelten, andere schimpften, ein unfassbarer Lärm brandete auf. Es war die Show ihres Lebens. Und vielleicht unsere letzte, dachte Anna.

»Beachte sie nicht.« Jakob führte sie an den Rand der Plattform. Annas Knie zitterten. Nun leuchteten alle Spots auf sie.

Anna wagte einen vorsichtigen Blick nach unten, sah die Empore über dem Eingang, auf der die Musiker standen. Auch sie richteten ihre Köpfe nach oben, spielten jedoch weiter. Ein Mann ohne Instrument fuchtelte wild mit den Armen. Er trug einen roten Frack und einen Zylinder.

Vermutlich war es der Zirkusdirektor, der sein großes Finale gesprengt sah. Das Orchester steuerte unbeirrt dem musikalischen Höhepunkt entgegen. Anna summte unwillkürlich die mittlerweile so vertraute Melodie mit. Ein Ruck an ihrem Arm brachte sie zurück ins Hier und Jetzt. Ihr Bruder hielt den Blick fest nach unten gerichtet.

Die Trommeln wurden lauter, die Trompeten kreischten.

Jakob drückte ihre Hand. In dieser Sekunde sah sie keinen alten Mann neben sich, sondern ihren Bruder, wie sie ihn gekannt hatte. »Vertrau mir«, sagte er. »Galina wusste es. Es IST der Ausweg.«

Der Tod, dachte Anna, und vielleicht stimmte es. Vielleicht war der Tod der einzige Ausweg. Immerhin musste sie ihren letzten Weg nicht allein antreten.

Die Band spielte den Schlussakkord.

»Wir sterben gemeinsam«, sagte sie.

»Nein.« Jakob riss sie mit sich in die Tiefe.

Anna schrie gellend, zappelte und strampelte. Der Boden raste auf sie zu. Ihr Bruder ließ sie nicht los. Pure, grenzenlose Panik zerrte an ihr.

Dann spürte sie den Paukenschlag in ihrer Magengrube, sie schlug auf und alles in ihr zerbrach.

Sonnenstrahlen kitzelten ihre Augenlider.
Sie rollte sich instinktiv zur Seite, um den Pferdehufen zu entgehen.
Aber das Trampeln und Wiehern blieb aus.
Sie hörte das Knacken von Ästen.
»Jakob?« Mühsam öffnete sie die Augen. Ihr Mund war vollkommen ausgetrocknet, sodass das Wort wie ein heiseres Krächzen klang.
Alles um sie war grün, hoch über ihr bewegten sich die Kronen der Bäume, raschelten sacht im Wind und ließen hin und wieder Sonnenstrahlen zu ihr durch.
Es war warm und friedlich.
Schritte kamen näher. Noch immer fühlte sich ihr Gehirn an wie in Watte gebettet. Allmählich holte die Erinnerung sie ein.
Der Sturz. Der Paukenschlag. Der Aufprall.
Ihr Tod.
Sie war gestorben.
Panisch fuhr sie auf. Aber eines stand fest: Sie lebte, und sie lag auf einer Wiese, die ihr vertraut vorkam.
Es war die Lichtung. Als sie sich umdrehte, ragte dort das Quellhäuschen auf – oder das, was davon übrig geblieben war. Es glich einer Ruine, die Eisenornamente waren vollkommen von Rost zerfressen. Efeu und Moos rankte sich an den Steinwänden empor. Die Tür war aus den Angeln gehoben und stand windschief einen Spaltbreit offen.
Genau wie damals, als sie es zum ersten Mal erblickt hatte.
Sie kam auf die Knie. Alles in ihr loderte vor Schmerzen. Ganz nah vernahm sie ein leises Stöhnen – Jakob! Er wälzte sich herum und versuchte sich aufzurappeln. Er fiel ihr quasi in die Arme.
Mit einem Mal kam es ihr vor, als würden sich die mit Blättern behangenen Äste zu ihr hinabbeugen und sich immer schneller um sie drehen. Sie schloss die Augen, um den Schwindel abzustellen.
»Ich verstehe es nicht, Jakob. Warum sind wir hier?«
Ihr Bruder löste sich aus ihrer Umarmung. Sie sah ihm ins Gesicht. Es war immer noch alt und runzlig.
»Es ist vorbei, Anna. Was immer es war, wir haben es mit dem Tod dieses Mannes beendet und zerstört.« Ein Lächeln erschien auf seinen spröden Lippen.

Ja, Anna hatte das Erlöschen der Zeitanomalie erlebt. »Aber wie sind wir entkommen? Hierher?«
»Galina hat es mir gesagt. Sie hat ihn dabei beobachtet, wie er das Licht gefüttert hat. Mit Menschen! Ich war nicht der erste … Aber sie hat noch mehr gesehen. Sie sah ihn durch die Zeit reisen. Immer beim letzten Paukenschlag begann die Zeitschleife neu. Für alle – nur nicht für den Zeitreisenden. Galina wusste, dass es nur einen einzigen Ausweg gab, um der Schleife zu entkommen. Sie hat gesehen, wie er sich mit dem letzten Takt der Musik umgebracht hat. So konnte ihn die Zeit nicht mehr ergreifen, und weil es in genau diesem Augenblick keine Zeit mehr gab, hatte auch der Tod keine Gültigkeit.«
»Also hat sich auch Galina nicht umgebracht?«
»Nein, sie hat den Ausweg genommen, den sie mir zuvor verraten hat«, sagte Jakob. »Damit du und ich ihn ebenfalls nutzen können.«
»Also darum hast du dich und mich in den Tod stürzen lassen.«
»Wir leben, Anna!« Sein Lächeln erstarb, als sein Blick auf seine faltige, mit Adern und Altersflecken überzogene Hand fiel. »Zumindest mehr oder weniger.«
Wieder hörten sie ein Rascheln im Unterholz und das Knacken von Ästen. Schritte. Sie waren ganz nah. Panisch sah sie Jakob an.
»Er ist wirklich tot«, sagte ihr Bruder. »Er kann es nicht sein!«
»Anna?« Jemand trat hinter einem dichten Busch hervor.
Die schmerzenden Muskeln ignorierend, sprang sie auf und rannte auf Ben zu, der mit fassungsloser Miene stehen geblieben war.
»He, pass doch auf!«, tönte es hinter ihm, und prompt rempelte Romy in ihn hinein. Sie wollte schimpfen, doch als sie den Kopf hob und Anna sah, klappte ihr Unterkiefer auf, ihre Augen wurden groß. Es dauerte ein paar Sekunden, bis sie wieder etwas hervorbrachte. »Da bist du ja! Wir suchen euch seit einer Ewigkeit! Ist Jakob …« Weiter kam sie nicht, weil Anna ihr um den Hals fiel und sie so fest drückte, dass ihr die Luft wegblieb.
»Was war los mit dir?«, wollte Ben wissen und legte eine Hand auf ihre Schulter. »Und – Himmel, was trägst du denn für Klamotten? Und überhaupt, nimm's mir nicht übel, aber du siehst aus, als hätten dich Wölfe durch den Wald gezerrt.«

»Schlimmer«, presste Anna heraus, dann brach sie in Tränen aus, ihr Körper begann unkontrolliert zu zittern.

Romy wiegte sie in ihren Armen und streichelte ihren Rücken. »Was ist los? Und wo ist Jakob?«, murmelte sie.

Anna wusste nicht, wo sie anfangen sollte. »J-Jakob ist hier«, brachte sie über die Lippen.

Ihr Bruder war aufgestanden und sah zu ihnen herüber. Er wirkte unbeholfen und hilflos, wie er im Laub stand, die Hände hinter dem Rücken verschränkt.

Ben sah an Anna vorbei. »Wo? Und wer ist der alte Mann?«

Anna öffnete den Mund, aber die Worte blieben ihr im Hals stecken.

»Hallo, Ben«, sagte Jakob. »Ich bin es.«

Ben zuckte zurück, als wäre eine Klapperschlange aus dem Gebüsch gesprungen und hätte sich direkt vor ihm aufgebaut. »Scheiße!«

Romys Hände auf Annas Rücken zitterten. »Das muss … das ist Jakob. Aber was ist mit ihm … wie kann …?«

Jakob wollte etwas sagen, doch seine Worte gingen in ersticktem Schluchzen unter.

Romy ging zu ihm und umarmte ihn wortlos. Eine Weile stand er einfach nur da, dann legte er die Arme um Romy und drückte sie an sich.

Ben kam hinzu und umarmte beide.

Anna ließ die drei allein. Sie brauchte einen Moment für sich.

»Ist das nicht ein wundervoller Anblick?«, hörte sie eine leise Stimme.

Überrascht drehte Anna sich um. In einigen Metern Entfernung stand eine Bank. Darauf saß eine alte Frau. Ein versonnenes Lächeln lag auf ihren Zügen.

»Das stimmt.« Anna näherte sich ihr. »Es ist traumhaft.«

Die alte Frau tippte auf den Platz neben sich.

Zögernd setzte Anna sich.

»Es gibt keinen Zirkus mehr«, sagte die alte Frau, und Anna zuckte zusammen. »Schon lange nicht mehr. Und manchmal frage ich mich, ob es ihn überhaupt jemals gegeben hat.«
»Woher …?« Anna verstummte. Sie sah die Alte an. Diese Augen … das Lächeln. Es kam ihr bekannt vor. »Dein Bruder hat mir damals gesagt, aus welcher Zeit ihr gerissen worden seid. Ich musste lange warten, nachdem ich die Zeitschleife verlassen hatte und in meine Zeit zurückgekehrt war, aber nun ist es endlich so weit. Ich bin seit ein paar Stunden hier und habe auf euch gewartet. Ich wusste, dass ihr es schaffen würdet, Anna.«

WAS DANACH GESCHAH? TRENNE SEITE 185 AUF UND LIES DEN EPILOG.

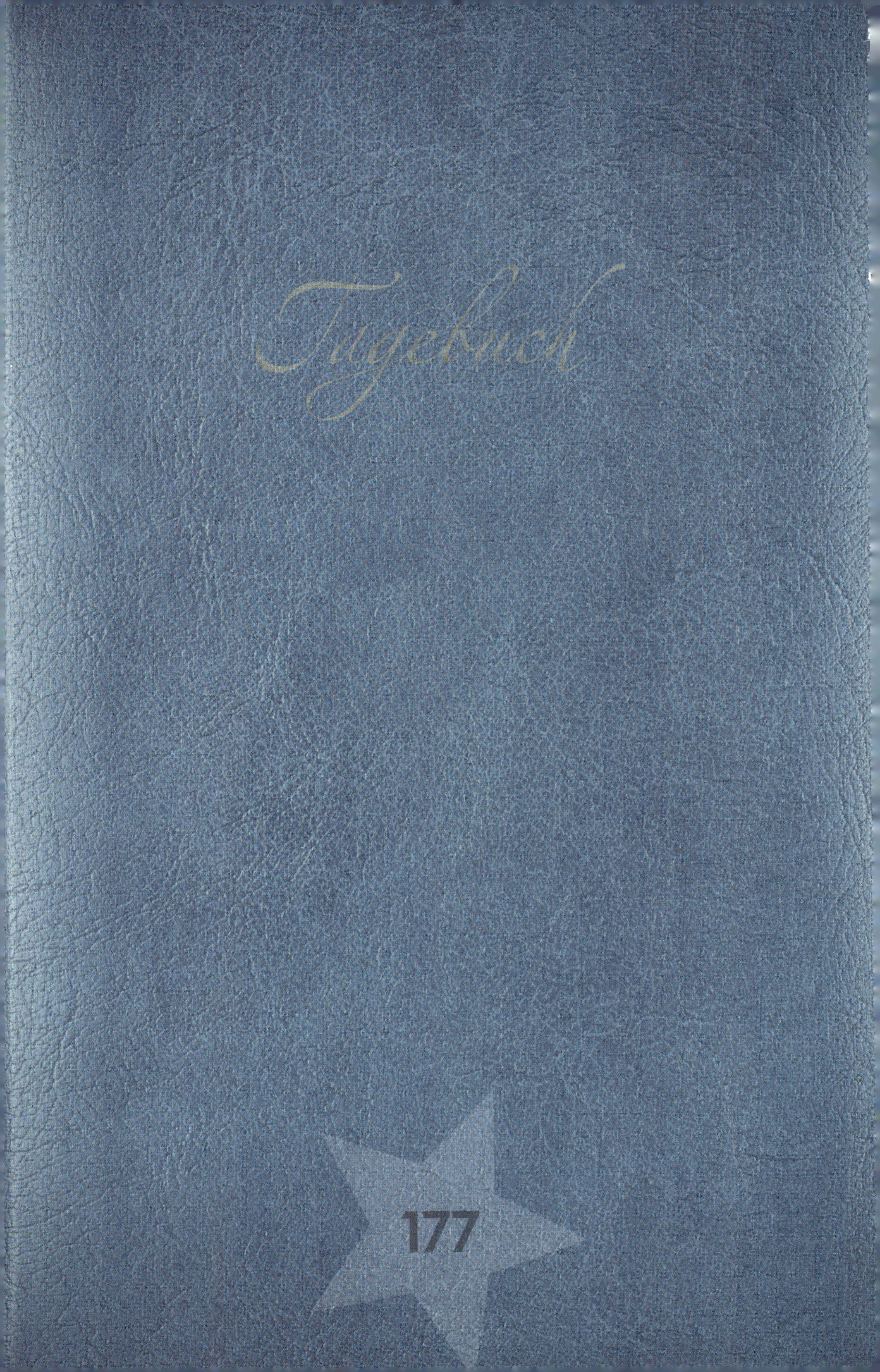
Tagebuch
177

Mittwoch, 12. Juni 1952

Jetzt sind wir bereits seit zwei Tagen in dieser abgelegenen Gegend, in der sich Fuchs und Hase gute Nacht sagen. Ich verstehe wirklich nicht, was den alten Krüger dazu veranlaßt hat, unser Zelt ausgerechnet hier aufzuschlagen. Dieser Ort lag gar nicht auf unserer Route.
Wir sollten längst in Chemnitz sein. In diesem Nirgendwo gibt es rundum nur ein paar kleine Ortschaften, Bauernhöfe
und diesen unendlichen Wald.
Die Alten erzählen sich seltsame Geschichten über diese Gegend. Unzusammenhängende Dinge, die ich nicht verstehe und auch nicht verstehen will. Sie weigern sich, den Wald zu betreten, reden hinter vorgehaltener Hand von einem Fluch, der darüberliegt. Ich weiß nicht, was ich davon halten soll. Es ist schwierig zu sagen, was wahr ist und was Aberglaube.
Dennoch ... alle können es fühlen.
Ich auch.
Etwas Seltsames geht von diesem Ort aus. Mehr noch: Seit wir hier sind, geschehen allerhand merkwürdige Dinge. Es fing beim Aufbau des Zeltes an, als der Mast umstürzte und beinahe zwei Männer unter sich begraben hätte. Und das, obwohl er mit Halteseilen gesichert war.
Ich habe es selbst gesehen.
Obendrein spielt das Wetter verrückt! Die Hitze ist unerträglich.

Ich kann kaum denken! Heute Nacht war es so heiß, daß man kein Auge zutun konnte. Dabei muß ich doch für meine Darbietung vollkommen konzentriert sein. Der alte Krüger hat darauf bestanden, daß ich mich bei der nächsten Vorstellung in die höchste Höhe wagen soll. Das erste Mal ohne Netz! Er meint, ich wäre nun so weit. Ich wünschte, er hätte recht, aber ich habe Zweifel. Mir ist unwohl bei dem Gedanken. Zumal ich mich kaum konzentrieren kann! Als würde mich irgendetwas blockieren. Von den Tieren möchte ich gar nicht reden. So unruhig habe ich sie noch nie erlebt. Ob es daran liegt, daß es in der Nacht einfach nicht richtig dunkel wird? Und die Sterne ... keiner kann sich das erklären. Die Sonne und die Sterne stehen gleichzeitig am Himmel!
Ich hoffe, daß wir die Vorstellung heute Abend gut über die Bühne bringen. Alle teilen meine Auffassung: Je schneller wir diesen Ort hinter uns lassen, desto besser.

Donnerstag, 13. Juni 1952

Heute morgen habe ich wieder diesen Mann gesehen. Was macht er hier? Niemand kennt ihn. Und was will er von mir? Verfolgt er mich? Er macht mir Angst, ich

AN DIESER STELLE WIRD ANNA BEIM LESEN ABRUPT UNTERBROCHEN. BLÄTTERE ZURÜCK AUF **SEITE 64**.

Samstag, 14. Juni 1952

Das Orchester hat bereits zu spielen begonnen. Gleich muß ich los, zu meiner Vorstellung. Ich bin so aufgeregt, daß mir das Herz in der Brust vibriert. Dabei ist uns allen überhaupt nicht nach einer Aufführung zumute. Heute hat sich der Elefant aus dem Käfig befreit und Manni totgetrampelt. Das ist entsetzlich, und eigentlich kann das gar nicht passieren!
Der arme Manni! Er war keine achtzehn Jahre alt. Einfach totgetreten! Ich habe ihn gesehen, es war grauenhaft.
Der alte Krüger wollte natürlich alles vertuschen, doch da hat er die Rechnung ohne Augustus gemacht. Der ist mit Manni ins Krankenhaus gefahren, aber dort ist er nie angekommen. Es heißt, es habe einen Unfall auf der Strecke gegeben. Aber stimmt das? Mittlerweile reden viele von einem Fluch. Ich fühle etwas Unheilvolles. Und nicht nur mir kommen diese wirren Gedanken! Anderen geht es genauso. Als würde ich in einem Ablauf von Déjà-vus stecken, die nicht enden wollen. Ich denke manchmal, ich werde verrückt.
Und warum bricht die Nacht nicht an? Die Sterne zeigen sich am Himmel, doch es war keine Nacht! Sterne im helllichten Sonnenschein.
Das ist unmöglich! Aber ich habe es gesehen.

Bei der Vorstellung gestern wurde mir schwindlig, als ich hoch oben auf der Trapezplattform stand.
Das war nicht wegen der extremen Höhe – sondern weil ER da war.
Im Publikum!
Er trug wieder seinen langen Ledermantel und die schweren, schwarzen Stiefel. Und er hat zu mir heraufgesehen, während ich über das dünne Seil balanciert bin. Ein unbedachter Schritt – ich wäre fast abgestürzt, habe mich gerade noch fangen können. Die Leute klatschten wie verrückt, sie dachten wohl, es gehöre zu meiner Nummer. Von wegen! Beinahe hätte es mich erwischt. Der ehrenvolle Artistentod – der Sturz in die Manege. Ohne Netz und doppelten Boden. Mir wird übel, wenn ich daran denke. Ich kann unmöglich in die nächste Vorstellung!
Was, wenn ER wieder da ist?
Ich bin mir sicher, daß er hinter alldem steckt. Ich habe

DER TAGEBUCHEINTRAG ENDET HIER, DIE NÄCHSTEN SEITEN SIND HERAUSGERISSEN. BLÄTTERE ZURÜCK ZU **SEITE 66.**

185

EPILOG

Anna hatte nur wenig aus der Vergangenheit mitgenommen – vier Blätter, um genau zu sein.

Die drei Seiten aus Galinas Tagebuch hütete sie wie einen Schatz. Sie erinnerten sie daran, dass es mehr gab als nur die sichtbare Wirklichkeit und dass sich das Leben nicht darauf beschränkte, was die Naturwissenschaft erklären konnte. Als sie viele Jahre später von Galinas Beerdigung zurück nach Hause kam – auch Jakob hatte damals noch gelebt –, hatte sie sie wieder einmal mehrfach gelesen und sich an diese erstaunliche Frau erinnert. Ihre Lebensretterin.

Schon lange vorher war Anna mit Galina zum Grab des Mannes – Bernhard – gegangen, den Galina als jungen Menschen kennengelernt und den Anna und ihre Freunde als toten Greis in ihrer Gegenwart gefunden hatten. Sie hielten die Erinnerung an ihn lebendig und Galina blieb, solange sie lebte, für Anna nicht nur eine Freundin, sondern fast so etwas wie eine Schwester … ihre junge, alte Schwester, mit der sie mehr teilte als mit jedem anderen Menschen.

Hin und wieder – etwa wenn neue, verrückte Funktionen von Smartphones oder anderen Technologien die Runde machten – fragte sie sich, ob diese Entwicklung buchstäblich aus der Zukunft stammte. Aber selbst wenn es so wäre, was änderte es schon? Das Leben ging weiter und scherte sich nicht um derlei Hintergründe.

Sie versuchte, über ihre Erlebnisse ein Buch zu schreiben. Keinen Tatsachenbericht, denn das würde ihr ohnehin niemand glauben. Für den Roman jedoch, den sie wie im Fieberwahn in nur einer Woche tippte, fand sie sogar einen Verlag … aber der Roman wiederum fand zu wenig Leser. So füllte diese Veröffentlichung dank etlicher Belegexemplare zwar Annas Buchregal, aber leider nicht ihr Bankkonto.

Darauf hatte sie es allerdings ohnehin nicht angelegt. Denn das vierte Blatt, das sie aus der Vergangenheit mitgenommen hatte, ein Zeitungsartikel aus dem Jahr 2043, besaß weit mehr als nur sentimentalen Wert für Anna. Auf gänzlich andere Art war es unfassbar wertvoll, denn auf der Rückseite des Artikels über die aufgefundene Leiche einer alten Frau standen sechs unscheinbare Zahlen – plus eine Zusatzzahl.

Und als Anna am 17. Juni 2043 das Lottogeschäft verließ, in dem sie einen Schein abgegeben hatte, wusste sie, dass sie am nächsten Tag Millionärin sein würde.

ENDE

1. / 2.

RÄTSELHINWEISE →

RÄTSEL 1

HINWEIS 1:

Die Zahl 118 bringt Ordnung in die Zahlen – und zwar ganz genau in 118 Zahlen. Welches System der Ordnung besteht aus 118 Einträgen? Und was hat es mit der Abbildung der Glaskolben aus dem Chemielabor auf sich?

HINWEIS 2:

118 ist die höchste nachgewiesene Ordnungszahl des Periodensystems.

1 H																	2 He
3 Li	4 Be											5 B	6 C	7 N	8 O	9 F	10 Ne
11 Na	12 Mg											13 Al	14 Si	15 P	16 S	17 Cl	18 Ar
19 K	20 Ca	21 Sc	22 Ti	23 V	24 Cr	25 Mn	26 Fe	27 Co	28 Ni	29 Cu	30 Zn	31 Ga	32 Ge	33 As	34 Se	35 Br	36 Kr
37 Rb	38 Sr	39 Y	40 Zr	41 Nb	42 Mo	43 Tc	44 Ru	45 Rh	46 Pd	47 Ag	48 Cd	49 In	50 Sn	51 Sb	52 Te	53 I	54 Xe
55 Cs	56 Ba	71 Lu	72 Hf	73 Ta	74 W	75 Re	76 Os	77 Ir	78 Pt	79 Au	80 Hg	81 Tl	82 Pb	83 Bi	84 Po	85 At	86 Rn
87 Fr	88 Ra	103 Lr	104 Rf	105 Db	106 Sg	107 Bh	108 Hs	109 Mt	110 Ds	111 Rg	112 Cn	113 Nh	114 Fl	115 Mc	116 Lv	117 Ts	118 Og
		57 La	58 Ce	59 Pr	60 Nd	61 Pm	62 Sm	63 Eu	64 Gd	65 Tb	66 Dy	67 Ho	68 Er	69 Tm	70 Yb		
		89 Ac	90 Th	91 Pa	92 U	93 Np	94 Pu	95 Am	96 Cm	97 Bk	98 Cf	99 Es	100 Fm	101 Md	102 No		

HINWEIS 3:

Die auf der Inschrift angegebenen Zahlen stehen für die Elemente des Periodensystems. Demnach steht die 32 für das Element Ge – ergo sind das die ersten Buchstaben des Codes.

Lösung: GeHe NaCH NO (Nordosten)

RÄTSEL 2

HINWEIS 1:

Sieh dir die eingefärbten Ziegel ganz genau an. Hat Anna diese Farben nicht bereits vorher schon gesehen?

HINWEIS 2:

Diese Farben gibt es auch auf dem Döschen mit den pH-Teststreifen.

HINWEIS 3:

Jede dieser Farben steht für eine Nummer, die den pH-Wert angibt. In der richtigen Reihenfolge, nämlich von oben nach unten, ergeben die Farben zudem den Code für das Zahlenschloss.

Lösung: Seite 0122

3. / 4.

RÄTSEL 3

HINWEIS 1:
Schau dir die Symbole der einzelnen Spielkarten ganz genau an. Unterscheiden sie sich?

HINWEIS 2:
Manche Symbole stehen auf dem Kopf. Was hat es damit auf sich? Lässt sich ein Muster erkennen?

HINWEIS 3:
Markiere die auf dem Kopf stehenden Symbole: Es werden Zahlen sichtbar.

Lösung: 062

RÄTSEL 4

HINWEIS 1:
Schau dir die Symbole ganz genau an. Hast du sie vielleicht schon einmal gesehen? Meist treten sie im Dutzend auf.

HINWEIS 2:
Das gesuchte Symbol findet sich auch am Sternenhimmel wieder und spielt eine bestimmte Rolle beim Zeitpunkt der Geburt eines Menschen.

♈ ♉ ♊ ♋

♌ ♍ ♎ ♏

♐ ♑ ♒ ♓

HINWEIS 3:
Das gesuchte Symbol ist das Sternzeichen des Löwen. Damit könnte der Löwenkäfig der gesuchte Hinweis sein.

5. / 6.

RÄTSEL 5

HINWEIS 1:

Die Buchstaben auf den Ballons haben etwas zu bedeuten. Sie bilden das Losungswort.

HINWEIS 2:

Nicht nur die Buchstaben spielen eine Rolle, auch die unterschiedlichen Größen der Ballons.

HINWEIS 3:

Wenn du die Ballons der Größe nach sortierst, angefangen mit dem größten, erhältst du das Losungswort: SALTO MORTALE. Trage es in das Feld ein und sieh genau hin: Das erste T ist eigentlich eine 1.

Lösung: Die gesuchte Zahl ist die 100.

RÄTSEL 6

HINWEIS 1:

Betrachte die vier Bilder. Wie lautet die genaue Bezeichnung der Dinge, die du dort siehst?

HINWEIS 2:

Die Begriffe haben alle etwas mit Zahlen zu tun.

HINWEIS 3:

Zu sehen sind: Air Force One, Zwillinge, Audi Quattro, Ground Zero.

Lösung: Der gesuchte Code ist 0142. Die Reihenfolge ergibt sich durch die Größe der Bilder, aufsteigend von klein nach groß.

7. / 8.

RÄTSEL 7

HINWEIS 1:

Ein Stern leuchtet besonders hell. Es ist der Polarstern.

HINWEIS 2:

Alle Sterne sind willkürlich gesetzt, bis auf die unterhalb vom Polarstern. Sie ergeben ein Sternbild. Es ist das einzige Sternbild auf dieser Karte, nämlich der Kleine Bär.

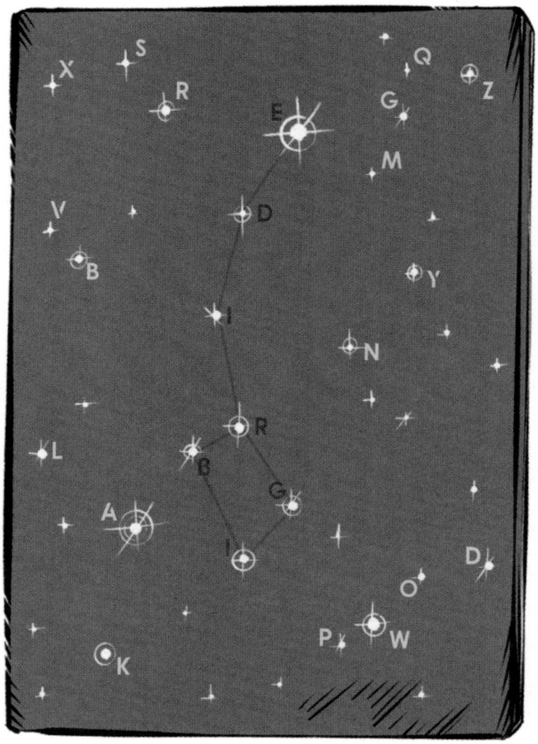

HINWEIS 3:

Richtig zusammengesetzt ergibt sich das Wort DREIßIG.

Lösung: 30

RÄTSEL 8

HINWEIS 1:

Knicke die Ecken entlang der gestrichelten Linien nach innen.

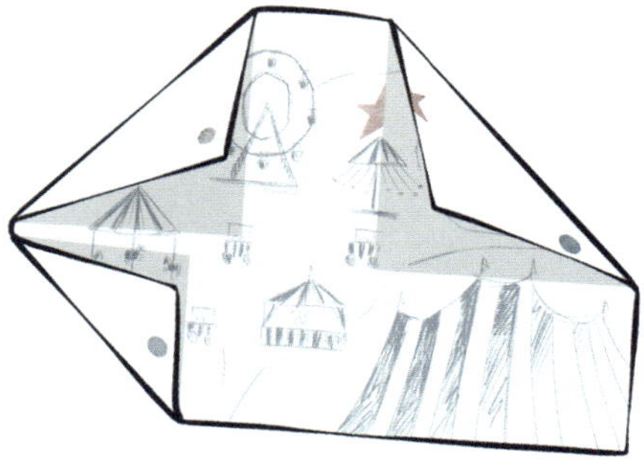

HINWEIS 2:

Nun wird Galinas Eintrag sichtbar: ein Stern. Das ist die Position, die zum geheimen Ort führt. Was hat es mit den drei Markierungen auf sich?

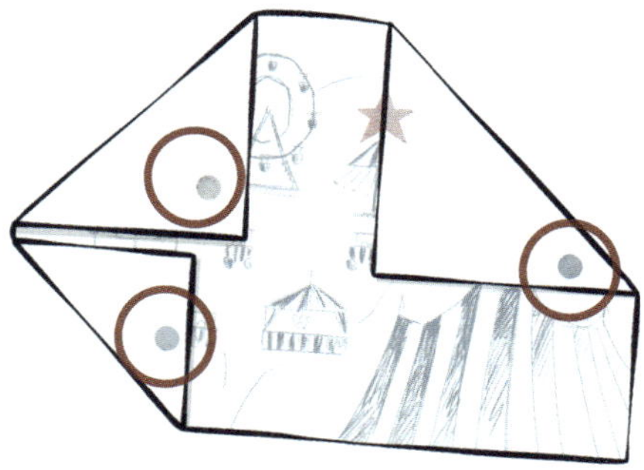

HINWEIS 3:

Durchstich sie mit einem Bleistift und schau dir auf der Rückseite die danebenstehenden Buchstaben/Zahlen an. Die Kombination „a, b, c“ führt dich zur nächsten Seite.

Lösung: 152

IDEE, TEXT & KONZEPT
Björn Berenz und Christoph Dittert

ILLUSTRATIONEN & GRAFISCHE GESTALTUNG INNENTEIL
Toni Hamm, www.tonihamm.com

LEKTORAT
Almut Schmidt, www.diebuchmacherin.com
Nathanael Roßmüller

HERSTELLUNG & SATZ
Cedric Reiners

BILDNACHWEIS
Cover: Shutterstock.com / FlashMovie; Nano99; andreiuc88
Innenteil: Shutterstock.com / AlexAvich; SuriyaPhoto; Katrien1; FlashMovie; MM_photos; luma_art; Flas100; KMNPhoto · Paul Holtz

ISBN 978-3-8458-4779-5
www.arsedition.de

MIX
Papier aus verantwortungsvollen Quellen
FSC® C002795

RÄTSEL 10

HINWEIS 1:

Lies dir das Gedicht aus dem Tagebucheintrag noch einmal durch. Eine Zeile unterscheidet sich in der Schrift.

HINWEIS 2:

Die Zeit flieht. Dieser Satz steht bereits auf dem Mineralbrunnenhäuschen, aber auf Latein: Tempus fugit. Schau dir die Runentafel an, die Galina im Tagebuch skizziert hat. Trage die Runen anstelle von TEMPUS FUGIT in das obere Feld ein:

T	E	M	P	U	S	F	U	G	I	T
ᛏ	ᛖ	ᛗ	ᚻ	ᚢ	ᛋ	ᚠ	ᚢ	ᚷ	ᛁ	ᛏ

HINWEIS 3:

Die Runen- und Zahlenkombinationen in Galinas letzten Tagebucheinträgen müssen in die entsprechenden Kastenfelder eingetragen werden. Im Anschluss erkennst du drei Zahlen.

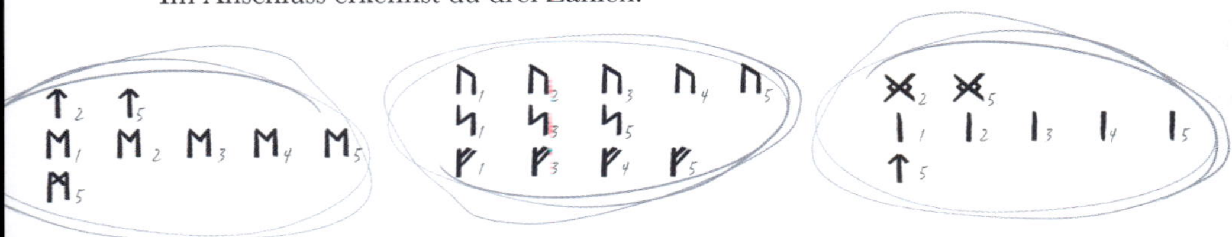

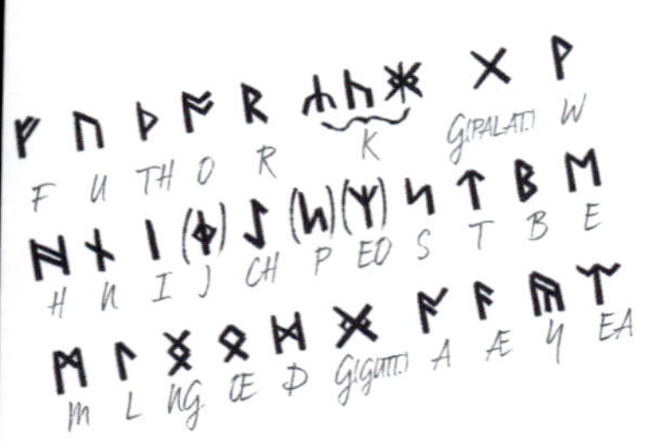

Lösung: 161

RÄTSEL 9

HINWEIS 1:

Schaue dir das Bild genau an. Erkennst du etwas in der Mitte des Bildes, das augenscheinlich nicht zum Rest des Bildes passt? Selbiges findest du auf der Rückseite. Hat das womöglich etwas zu bedeuten?

HINWEIS 2:

Das Gemälde zeigt »Die neun Kreise der Hölle« aus Dantes Inferno. Dass die Zahl im Namen des Bildes anders dargestellt wird, hat offenbar eine Bedeutung. Doch was kann sie mit der Zahl zu tun haben, die sich im Gegenlicht auf der Vorder- und Rückseite zusammengesetzt hat?

HINWEIS 3:

Teilst du die 648 durch neun, erhältst du die 72. Diese Zahl findet Anna auch auf dem Zifferblatt und weiß somit, auf welche Zahl sie die Uhrzeiger drehen muss, damit der Mechanismus ausgelöst wird.

Lösung: 72

9. / 10.